Cuestión de límites

AF276221

Prácticos
Vivir Mejor

Nedra Glover Tawwab
Cuestión de límites
Aprende a marcar, comunicar y mantener esas líneas que nadie debería cruzar

Traducción de Xavier Beltrán

Nota: Este libro debe interpretarse como un volumen de referencia. La información que contiene está pensada para ayudarte a tomar decisiones adecuadas respecto a tu salud y bienestar. Ahora bien, si sospechas que tienes algún problema médico o de otra índole, la autora y la editora te recomiendan que consultes a un profesional.

La lectura abre horizontes, iguala oportunidades y construye una sociedad mejor.
La propiedad intelectual es clave en la creación de contenidos culturales porque sostiene el ecosistema de quienes escriben y de nuestras librerías.
Al comprar este libro estarás contribuyendo a mantener dicho ecosistema vivo y en crecimiento.
En **Grupo Planeta** agradecemos que nos ayudes a apoyar así la autonomía creativa de autoras y autores para que puedan seguir desempeñando su labor.
Dirígete a CEDRO (Centro Español de Derechos Reprográficos) si necesitas fotocopiar o escanear algún fragmento de esta obra. Puedes contactar con CEDRO a través de la web www.conlicencia.com o por teléfono en el 91 702 19 70 / 93 272 04 47

Título original: *Set Boundries, Find Peace*

© Nedra Glover Tawwab, 2021
© de la traducción, Xavier Beltrán, 2021
© Editorial Planeta, S. A., 2021
  Diana es un sello editorial de Editorial Planeta, S. A.
  Avda. Diagonal, 662-664, 08034 Barcelona (España)
  www.planetadelibros.com

Adaptación de la cubierta: Booket / Área Editorial Grupo Planeta
Fotografía de la cubierta: © Rayyy / Shutterstock
Primera edición en Colección Booket: enero de 2024
Segunda impresión: mayo de 2024
Tercera impresión: septiembre de 2024
Cuarta impresión: marzo de 2025
Quinta impresión: enero de 2026

Depósito legal: B. 19.232-2023
ISBN: 978-84-1119-121-0
Impreso en España

Biografía

Nedra Glover Tawwab es psicóloga y experta en relaciones. Lleva catorce años ejerciendo como terapeuta y es fundadora y propietaria del centro de terapia de grupo Kaleidoscope Counseling. Licenciada en la Universidad Wayne State de Detroit (Míchigan, Estados Unidos), su planteamiento se basa en que detrás de la mayoría de los problemas en las relaciones hay una falta de límites y de asertividad, y su don consiste en ayudar a las personas a crear relaciones saludables con los demás y consigo mismas. Sus aportaciones han sido recogidas en medios como *The New York Times*, *The Guardian*, *Psychology Today*, *Self* o *Vice*, y ha sido entrevistada en numerosos pódcast. También comparte sus prácticas, reflexiones y recomendaciones para mejorar la salud mental en su popular cuenta de Instagram. Diana ha publicado sus dos libros: *Cuestión de límites* (2021), traducido a una decena de idiomas, y *Sin dramas. Una guía para entender y gestionar las relaciones familiares difíciles* (2023).

@nedratawwab

@nedratawwab

www.nedratawwab.com

Establecer límites saludables me ha cambiado la vida de maneras que no creía posibles. Este libro está dedicado a las personas que estamos consiguiendo una mayor libertad al establecer límites saludables sin remordimientos.

SUMARIO

Antes de ponerme unos límites saludables, mi vida era agobiante y caótica. Yo también he luchado contra la codependencia, buscando la paz dentro y fuera del trabajo, y contra las relaciones insatisfactorias. Y resulta que establecer ciertas expectativas hacia mí misma y hacia los demás me da paz. Crear una vida con relaciones saludables es un proceso continuo, pero que se va dominando con el tiempo y con la práctica.

En el momento en que dejé de fijar perímetros, mis antiguos problemas resurgieron. A causa de ello, he convertido los límites saludables en una parte de mi vida diaria. Practico la asertividad y la autodisciplina de manera sistemática, para así crear la vida que quiero tener. En el pasado, siempre llevaba conmigo un montón de resentimiento, y tenía la esperanza de que los demás adivinaran mi estado de ánimo y mis deseos. Después de un proceso de ensayo y error, aprendí que la gente no adivinaba mis necesidades: ellos se dedicaban a lo suyo, mientras yo sufría en silencio.

Las cosas que antes me costaba mucho decir —como, por ejemplo, «no voy a poder ayudarte con la mudanza»— ahora me salen con mayor firmeza. Al principio me daba miedo, no quería enfadar ni molestar a nadie, y no sabía cómo elegir las palabras adecuadas. Temía que el hecho de no dejarme pisotear supusiera el fin de mis relaciones. Durante todo ese tiempo, el coste personal que tuve que pagar fue muchísimo más alto.

En el momento en que aprendí acerca de los límites, no sabía cómo aplicar ese concepto a mi vida. *Límites* es un término tan amplio como intimidatorio. Este libro analizará los numerosos aspectos de ponerse unos límites saludables y te ayudará a saber cómo respetar los límites de los demás. He tardado años en no sentirme tan culpable a la hora de establecer límites con la gente, porque no sabía que esa culpa es normal cuando haces algo que crees que está mal. Este libro te enseñará a gestionar la incomodidad (la culpa) que te impide tener la vida que quieres y, con suerte, te dará la confianza y la valentía necesarias para ponerte tus propios límites saludables.

INTRODUCCIÓN

Los límites te harán libre.

He sido psicóloga durante catorce años. La gente no llega a la terapia sabiendo que tiene problemas con los límites. Cuando entran por la puerta, los problemas con los límites están ocultos detrás de problemas de autoestima, conflictos con los demás, dificultad para gestionar el tiempo o preocupaciones acerca de cómo influyen las redes sociales en su estado emocional.

En cuanto estas personas terminan de relatarme su resentimiento, su infelicidad, su codependencia y lo agobiadas que se sienten, les digo con mucha amabilidad: «Tienes un problema con los límites». Dicho esto, empezamos a trabajar para destapar las transgresiones de los límites, aprender a comunicar los límites a los demás y lidiar con las repercusiones de ponerse unos límites. Sí, cuando hay que lidiar con la incomodidad y la culpa que surgen en el momento de reafirmarse, hay repercusiones.

Para mí, Instagram se ha convertido en un espacio en el que publicar mucha información de lo que yo interpreto como consecuencias de los problemas con los límites. Mi publicación «Señales de que necesitas límites» se hizo viral.

Señales de que necesitas límites

- Estás agobiado.
- Sientes resentimiento hacia la gente que te pide ayuda.
- Evitas las llamadas y las interacciones con las personas que crees que tal vez te pidan algo.
- Sueles comentar que ayudas a la gente y que no recibes nada a cambio.
- Te sientes agotado.
- A menudo sueñas con dejarlo todo y marcharte lejos.
- No tienes tiempo para ti mismo.

La respuesta abrumadora que cosechan estas publicaciones me demuestra cuánta gente se identifica con la necesidad de establecer límites. Mi buzón de mensajes privados se llena de comentarios como este: «Problema con los límites, ¡ayuda, por favor!». En Instagram, subo una sesión semanal de preguntas y respuestas, y el 85 % de las primeras están relacionadas con los límites.

Recibo preguntas como las siguientes:

- «Mis amigos se emborrachan todas las semanas y cuando salgo con ellos no me siento del todo cómodo. ¿Qué puedo hacer?».
- «Mi hermano no para de pedirme dinero y me resulta imposible decirle que no.»
- «Mis padres quieren que vaya a pasar las fiestas con ellos, pero a mí me apetece más ir con la familia de mi pareja. ¿Cómo se lo digo?»

Responder a todas las preguntas que recibo en Instagram es imposible. Semana tras semana, la gente formula más preguntas sobre sus problemas para comunicarse en sus relaciones. ¡He destapado un pozo sin fondo de problemas con los límites! Sabía que la única manera de ayudar a más gente a solventar estos problemas era recopilar en un libro las estrategias que he ido aprendiendo. Estrategias que no solo proceden de mi trabajo en internet y con mis clientes: yo también he tenido problemas con los límites casi toda mi vida. Sigo trabajando en ello a diario, así que entiendo a la perfección la gran importancia de establecer unos límites saludables.

La mayoría de los días lanzo una encuesta en las historias de Instagram. Esas encuestas se han convertido en una manera muy divertida de aprender de mi comunidad. A veces, los resultados me dejan boquiabierta. Como aquella vez que pregunté: «Las expectativas que tienes puestas sobre tu padre, ¿son diferentes de las que tienes sobre tu madre?». Aproximadamente, el 60 % dijo que no. Me quedé sorprendida, porque las madres (yo soy madre) comentan que les pesan más las expectativas puestas en ellas. Sin embargo, por lo visto, la gente de Instagram creía que los dos progenitores son igual de importantes. A lo largo de este libro, de vez en cuando encontrarás mis encuestas de Instagram y sus resultados.

Como le sucede a casi todo el mundo, he comprobado que mis relaciones familiares han sido las que mayor dificultad me han causado en el momento de establecer límites. Los sistemas familiares cuentan con reglas tácitas de compromiso. Si quieres sentirte culpable, márcate un límite con tu familia.

Cuando íbamos en coche, era una norma no bajar las ventanillas mientras mi madre fumaba. Joseph, que empezó a venir con nosotros en coche para ir al instituto, hizo algo inaudito. Nada más montarse, bajó la ventanilla. De repente, yo podía respirar. Hasta ese momento, nunca había pensado que tuviera elección. Aquel instante abrió las puertas a una sensación en mi interior que me decía: «Si hay algo que no te gusta, haz algo al respecto». Había asumido que debía aceptar las cosas como eran, aunque me molestaran. Prefería ahogarme entre el humo del tabaco que bajar la ventanilla para que entrara el aire. Me daba miedo que poner un límite decepcionara a mi madre. Esta anécdota es el ejemplo de la razón número 1 por la cual la gente evita establecer límites: el miedo a que alguien se enfade o se moleste.

El miedo no se basa en los hechos.

El miedo no se basa en los hechos. El miedo se basa en los pensamientos negativos y en las tramas que nos inventamos en nuestras cabezas. Joseph cambió esa narrativa para mí. Establecer aquel límite y que fuera aceptado me preparó el camino para marcar otros, a veces más duros.

Los ruegos que le hacía a mi madre con respecto al tabaco han evolucionado hasta llegar a un escenario de paz. Todo empezó bajando mi ventanilla. Después, le pedí que no fumara en mi habitación. Ahora, ya adulta, sigo marcando los límites en mi propio espacio. Y exclamo, tajante: «¡Os ruego que no fuméis en mi casa! Para hacerlo, hay unas zonas específicas en el exterior». Mi madre respeta mis límites y está abierta a dialogar cuando comete un error.

Al poner límites, he visto que nuestra relación ha evolucionado de maneras saludables. Con la práctica, establecer límites es cada vez más cómodo. Cuando me preocupa cómo va a responder mi madre, pienso en todas las expectativas y las reglas que ella ha implementado conmigo. Considerar que los demás tienen límites hace que para mí sea más obvio que no pasa nada por tener expectativas sobre nuestras relaciones. Ya no me consume la culpa cuando establezco unos estándares con ella. Ya no me preocupa cómo va a responder. Aun así, a pesar de que mi madre sea plenamente consciente de mis límites, debo actualizarlos o moverlos para así cuidar de mí a medida que yo misma cambio y evoluciono.

A lo largo de este libro, leerás acerca de mis triunfos y de mis fracasos con los límites.

Ponerse límites no es fácil, sobre todo con la gente a la que queremos. Quizá parezca mucho peor arriesgarse a provocar enfado o irritación que tener una incómoda conversación. Pero ¡ay, las relaciones que habría salvado si hubiera dicho algo! A veces se trataba de algo profundo: «No pienso quedarme contigo cuando bebas». Y, a veces, algo menos profundo: «Quítate los zapatos al entrar en casa, por favor». Profundo o no, siempre era importante.

Ser transparente salva relaciones.

La gente no sabe lo que quieres. Dejarlo claro es responsabilidad tuya. Ser transparente salva relaciones.

Este libro ofrece una fórmula muy, pero que muy resumida, para saber cuándo tienes un problema con los límites, cómo comunicar la necesidad de un límite y cómo consolidarlo a través de tus acciones. Un proceso que no siempre es agradable. Al principio, comunicar lo que quieres y lo que necesitas es duro. Y lidiar con lo que resulte de ello puede llegar a ser sumamente incómodo. Cuanto más lo hagas, sin embargo, más fácil resultará, sobre todo cuando experimentes la paz mental que conlleva.

Motivos por los que la gente no respeta tus límites

- No te tomas en serio.
- No responsabilizas a la gente.
- Pides perdón por poner límites.
- Te permites demasiada flexibilidad.
- No te expresas con suficiente claridad.

- No has verbalizado tus límites (están todos en tu cabeza).
- Das por sentado que basta con manifestar tus límites una vez.
- Das por sentado que la gente adivinará lo que quieres y lo que necesitas en función de cómo actúas con ellos cuando transgreden un límite.

Durante catorce años, he tenido el honor de ayudar a la gente a encontrar sentido a sus relaciones y a reunir el valor de crear relaciones saludables. En estas páginas vas a leer historias que te ayudarán a comprender mucho mejor qué aspecto tienen los problemas con los límites en la vida real. Son versiones novelizadas de interacciones que he mantenido con clientes. He cambiado todos los nombres, los hechos que identifican a las personas en cuestión y los detalles para asegurar su anonimato. Espero que te encuentres en esas historias protagonizadas por otros y que aprendas a cambiar tus propias relaciones.

A veces, somos conscientes de que debemos ponernos límites, pero no tenemos ni idea de cómo ni por dónde empezar. Este libro hace las veces de una guía de los beneficios de los límites y del trabajo que cuesta establecer expectativas sin perder tus principios en tus relaciones. Ya que a menudo no sabemos cómo expresar exactamente lo que queremos, he incluido algunos enunciados como sugerencias. No dudes en usar los míos o practica con tus propias frases. Cada capítulo ofrece preguntas o ejercicios para reflexionar que te ayudarán a adquirir un mayor entendimiento del contenido.

PRIMERA PARTE

Comprender la importancia de los límites

¿Qué diablos son los límites?

> Los límites son la puerta hacia unas relaciones
> saludables.

«Estoy agobiada», dijo Kim mientras se cubría la cara con las manos. Había empezado a venir a mi terapia dos semanas después de volver de su luna de miel. Kim, una profesional sobresaliente recién casada, se enorgullecía de ser la mejor en todo lo que hacía, pero sus preocupaciones para abarcarlo todo la absorbían por completo. Exhausta como estaba, le daba miedo levantarse de la cama por la mañana. No solo estaba decidida a ser la mejor para sí misma, sino que también procuraba ser siempre la mejor para los demás: la mejor amiga, la mejor hija, la mejor hermana, la mejor compañera de trabajo. Ahora quería ser la mejor esposa. Y, algún día, la mejor madre. Para Kim, ser la mejor suponía tener que decir siempre que sí. Decir que no era cruel. Decir que no era egoísta. Llegó a mis sesiones con la esperanza de descubrir la manera de hacer más sin sentirse tan agotada.

Sentada en mi diván, Kim enumeró lo que había aceptado hacer por los demás a lo largo de la semana siguiente. Me insistió en que su amiga necesitaba su ayuda con la mudanza. Su compañero de trabajo sería incapaz de gestionar el proyecto que llevaba él sin su ayuda. Kim ansiaba dar con una solución. Intentaba inventar más tiempo del que disponía para así llevar a cabo todo cuanto se había comprometido a hacer.

Cuando siguió recitando lo que quería resolver, le pedí que parara. Muy amablemente le comenté que era imposible inventar el tiempo. Al principio se quedó un poco descolocada. «No te preocupes —le dije—. En lo que sí te puedo ayudar es en aliviarte esa carga.» Por la mirada que me lanzó, me dio la impresión de que ella nunca había valorado esa posibilidad. No me sorprendió. Conozco a muchísima gente, sobre todo mujeres, que dan y dan tanto que al final acaban extenuadas y todavía más deprimidas. Por eso vivimos en una cultura de agotamiento.

Para empezar, animé a Kim a elaborar una lista de todo lo que necesitaba hacer en el trabajo y en casa esa misma semana. Ya se la había planificado de principio a fin (cómo no). Esbozó un horario para llevar a cabo cada una de las tareas. Enseguida vio que no disponía de tanto tiempo para hacer todo lo que había planeado.

«¿Qué quieres hacer *de verdad* y qué puedes delegar? —le pregunté—. ¿Crees que tu amiga encontrará a otra persona que la ayude con la mudanza?» Lo pensó y respondió que sí, pero insistió en que quería ayudarla. En ese momento, comprendí que Kim tenía un problema con los límites que marcaban cuántas veces y cuán a menudo estaba dispuesta a ayudar a los demás, algo que contribuía a su ansiedad. Tenía buena intención, ¿no? ¡Lo único que quería era ayudar a la gente! Pero es que su nivel de predisposición era imposible de soportar. Necesitaba urgentemente hacer menos. Cuando le propuse delegar, Kim desechó la idea de inmediato. Solo se le ocurría una manera de ayudar a los demás, y esa manera consistía en decir que sí y hacerlo ella misma.

El rechazo de Kim a decir que no la había llevado a mi despacho y era el origen de su preocupación, su estrés y su abrumadora ansiedad. Según los estudios, la ansiedad va en aumento. Las relaciones complicadas se encuentran entre las primeras causas que incrementan los niveles de ansiedad, y la ansiedad y la depresión son dos de los motivos más comunes por los que la gente acude a terapia. Como Kim, la gente va a terapia cuando la ansiedad empieza a influir en su vida diaria.

Con Kim trabajé para deshacer su necesidad de estar presente y disponible para todo el mundo. La ayudé a entender que decir que no iba a darle el tiempo que buscaba. Decir que no iba a darle la libertad para adaptarse a su papel de esposa. Decir que no iba a reducir su preocupación, para que de ese modo pudiera salir de la cama y afrontar un nuevo día sin sentirse agobiada enseguida.

MI DEFINICIÓN DE LOS LÍMITES

Los límites son las expectativas y las necesidades que te ayudan a sentirte seguro y cómodo en tus relaciones. En una relación, las expectativas te ayudan a mantenerte en un estado mental y emocional sano. Aprender cuándo decir que no y cuándo decir que sí también es una parte esencial para sentirse cómodo en el momento de interactuar con los demás.

SEÑALES DE QUE NECESITAS LÍMITES MÁS SALUDABLES

La capacidad de Kim de ponerse en marcha se veía afectada por su manera de repetirse constantemente los pensamientos, planear y preocuparse por si no dispondría del tiempo suficiente, y de ahí que tuviera miedo a comenzar. En pocas palabras, estaba estresada.

Los problemas mentales como la ansiedad están causados por nuestra respuesta neurológica al estrés. Cuando estamos estresados, a nuestro cerebro le cuesta apagarse. Nuestro sueño se ve afectado. Y vienen los miedos. Como psicóloga, he observado que cuidar demasiado poco de uno mismo, sentir agobio, resentimiento o evitación y otros problemas mentales son exteriorizaciones comunes de no ponerse límites o no saber gestionarlos bien.

Cuidar demasiado poco de uno mismo
Todos hemos oído la analogía que proviene del lenguaje de la seguridad en los aviones: «Póngase la máscara de oxígeno *antes* de ayudar a los demás». Sencillo, ¿verdad? Pues no. Cuidar demasiado poco de uno mismo es lo primero que ocurre cuando nos dejamos arrastrar por nuestros deseos de ayudar a los demás.

No creerías cuánta gente llega a mi despacho y se lamenta: «No tengo tiempo para mí». Tras un análisis rápido, es evidente que esas personas no procuran ningún tiempo para sí mismas. De hecho, a menudo da la sensación de que han olvidado cómo cuidarse. Son incapaces de arañar el tiempo necesario para una comida saludable o cinco minutos para meditar, pero todas las semanas se pasan horas haciendo de voluntarias en la escuela de sus hijos. Este tipo de desequilibrios es una señal inmediata de que hay ciertos problemas con los límites.

La clave para cuidar bien de uno mismo está en los límites.

Cuidar bien de uno mismo es mucho más que pasar un día en un balneario, y no significa ser egoísta. Decir que no a ayudar a alguien es un acto de autocuidado. Prestar atención a tus necesidades es autocuidado. Y, como con la máscara de oxígeno, tendrás mucha más energía para los demás si primero te cuidas tú. Si te paras a pensarlo, la clave para cuidar bien de uno mismo está en los límites: se trata de decir que no a algo para decir que sí a tu propia salud emocional, física y mental.

Agobio

Kim vino a terapia porque sentía un agobio crónico. Es una de las manifestaciones más comunes de los problemas con los límites. La gente agobiada tiene más cosas que hacer que el tiempo necesario para llevarlo a cabo. Se ahogan mientras piensan cómo introducir más actividades en una planificación que ya está hasta los topes. En nuestra cultura, estar así de ocupados es algo endémico. Todo el mundo se esfuerza por hacer más y más. El tiempo es lo de menos. Pero el precio que pagamos es nuestro bienestar. Comprender los límites es una manera proactiva de calcular lo que de verdad es asumible, y también te permite dar el cien por cien en la tarea que estés haciendo sin la sensación persistente de estar agobiado *a todas horas*.

Resentimiento

Sentir frustración, irritación, enfado, amargura y que se aprovechan de nosotros es el resultado del resentimiento que experimentamos cuando no establecemos límites. Estar resentido influye en la manera en que nos relacionamos con los demás. Nos impide ser la mejor versión de nosotros mismos en nuestras relaciones. Alimenta el conflicto. Nos vuelve paranoicos. Levanta un muro. Un resentimiento prolongado afecta a nuestra manera de percibir las intenciones de los demás. Cuando estamos resentidos, echamos una mano por obligación, no por la alegría que da ayudar. El resentimiento es palpable.

Si llega un cliente y dice: «Tengo que cuidar de mi madre, y eso me enfada», enseguida me percato de su irritación y de su resentimiento. Explorar por qué percibe presión y obligación para proporcionar esos cuidados me permite poner a prueba las creencias de mi cliente. Sí, quiere que su madre sea cuidada, pero no tiene que ser él la única persona que proporcione esos cuidados. Establecer límites —como pedir apoyo a otros miembros de la familia y delegar— ayuda a aliviar el estrés.

Recuerda las señales de que necesitas límites

- Estás agobiado.
- Sientes resentimiento hacia la gente que te pide ayuda.
- Evitas las llamadas y las interacciones con las personas que crees que tal vez te pidan algo.
- Sueles comentar que ayudas a la gente y que no recibes nada a cambio.
- Te sientes agotado.
- A menudo sueñas con dejarlo todo y marcharte lejos.
- No tienes tiempo para ti mismo.

Evitación

Desaparecer, ignorar o distanciarse de la gente es evitación. No responder a una petición, tardar en dejar las cosas claras o no presentarse son maneras de evitar situaciones, en lugar de bregar con ellas de manera proactiva. Pero es que prolongar los problemas evitándolos hará que estos reaparezcan una y otra vez, y que nos persigan de una relación a otra.

La evitación es un modo pasivo-agresivo de expresar que te has hartado de estar ahí. Esperar a que el problema desaparezca parece la opción más segura, pero la evitación es una respuesta basada en el miedo. Evitar hablar de nuestras expectativas no impide que surjan conflictos: prolonga la inevitable tarea de ponerse límites.

Pensar en huir —«ojalá pudiera dejarlo todo y marcharme lejos»— es una señal de extrema evitación. Fantasear con pasar tus días a solas, ignorar llamadas o esconderte significa que para ti la evitación es la respuesta definitiva. Sin embargo, crear límites es la única y verdadera solución.

Aprender a ser asertivo respecto a tus limitaciones con los demás te ayudará a eliminar esos síntomas y a controlar los episodios de depresión y ansiedad. No entender bien qué son los límites y cómo funcionan conduce a tener unos hábitos nada saludables. Así pues, analicémoslos.

ENTENDER LOS LÍMITES

Establecer unos límites saludables te llevará a sentirte seguro, querido, tranquilo y respetado. Son un indicativo de cómo permites que la gente esté ahí para ti y cómo estás tú ahí para ellos. Aunque la cosa no acaba aquí.

El significado de los límites

- Son una salvaguarda para no extralimitarte.
- Son una práctica para cuidar bien de ti mismo.
- Definen los papeles en las relaciones.
- Comunican qué comportamientos son aceptables e inaceptables en las relaciones.
- Son los parámetros para saber qué esperar de una relación.
- Son una manera de pedir a los demás que estén ahí sin renunciar a tus necesidades.
- Son una manera de comunicar tus necesidades a los otros.
- Son una manera de crear relaciones sanas.
- Son una manera de crear transparencia.
- Son una manera de sentirte seguro.

Un límite es una pista que les das a los demás sobre cómo deben tratarte. Puede ser explícito, como decir: «Voy a contarte algo que me gustaría que quedara entre nosotros». O implícito, como disponer una cesta para los zapatos y los calcetines de tus invitados al lado de la puerta de tu casa. Cuando estableces tus propios límites, también es importante ser consciente de los límites que la gente intenta comunicarte a ti.

Nuestras historias familiares y nuestras personalidades determinan cómo implementamos y aceptamos los límites. Si tu familia funciona con límites tácitos o con frecuencia los ignora, seguramente crecerás sin las habilidades comunicativas indispensables para ser asertivo acerca de tus necesidades. Por ejemplo, a los hijos adultos de un alcohólico puede costarles mucho ponerse límites. Los padres con problemas de adicciones a menudo envían el mensaje de que los límites de los hijos no son más importantes que la adicción de los padres. Por tanto, esos hijos crecen sin saber cómo entender ni definir los límites. Si tu familia comunica y respeta unos límites saludables, es más probable que te sientas más cómodo para establecerlos en cualquier escenario.

Nuestra personalidad determina nuestro nivel de comodidad en lo que a respetar y rechazar límites se refiere. Las personas con tendencia a la ansiedad son más propensas a reaccionar desproporcionadamente cuando se las cuestiona. Para ellas, la regulación emocional es un problema común, ya que son incapaces de reaccionar de manera adecuada en una situación en particular. Las que presentan características evidentes que las vuelven desagradables, como la necesidad de llevar siempre la razón, discutir hasta los detalles más nimios o tener dificultades para aceptar las diferencias de los demás, tenderán con mayor probabilidad a resistirse a los límites. La amplitud de miras (ser receptivo a los cambios) y la consciencia (estar dispuesto a aprender y a crecer) son rasgos de personalidad de aquellas personas que tenderán con mayor probabilidad a respetar los límites.

Los límites son vitales en cualquier edad. Cambian según las relaciones, así como las personas de esas relaciones también cambian. Las transiciones, como casarse, ir a estudiar fuera o crear una familia, a menudo necesitan límites nuevos.

En realidad, hay tres tipos de límites. A ver si alguno de estos te resulta familiar.

Porosos

Los límites porosos son débiles o están pésimamente expresados, y son dañinos, aunque no sea esa su intención. Te llevan a sentir cansancio, depresión, ansiedad, a extralimitarte y a adoptar dinámicas de relaciones no saludables. Kim, la mujer de la historia del principio de este capítulo, es un ejemplo de cómo se manifiestan los límites porosos y cómo perjudican al bienestar.

A qué te conducen los límites porosos

- A dar demasiado.
- A ser codependiente.
- A atarte emocionalmente (no hay separación emocional entre tú y la otra persona).
- A ser incapaz de decir que no.
- A intentar complacer a todo el mundo.
- A ser dependiente de lo que opinen y digan los demás.
- A sentir un miedo paralizante de sufrir rechazo.
- A aceptar maltratos.

Así se comporta, por ejemplo, alguien que se ha puesto límites porosos:

- Dice que sí a cosas que no quiere hacer.
- Presta dinero a quien se lo pide porque se siente obligado a ello, incluso cuando no dispone de fondos.

Rígidos

En el otro extremo, los límites rígidos hacen que construyas muros para mantenerte alejado de los demás y así sentirte seguro. Sin embargo, sentir seguridad al encerrarte en ti mismo no es saludable y te lleva a un buen número de problemas distintos. Mientras que los límites porosos conducen a una cercanía no saludable (a una atadura emocional), los rígidos son un mecanismo de autoprotección diseñado para poner cierta distancia. Es una respuesta al miedo a ser vulnerable o un intento de evitar que vuelvan a aprovecharse de uno como en el pasado. Las personas con límites rígidos no permiten que haya excepciones en sus férreas normas, ni siquiera cuando para ellas sería beneficioso. Si una persona con límites rígidos dice: «Yo nunca le dejo dinero a nadie», jamás se apartará de su regla, ni siquiera si un amigo que no es el típico que continuamente pide dinero está pasando por una crisis.

A qué te llevan los límites rígidos

- A no compartir.
- A levantar muros.
- A evitar la vulnerabilidad.
- A distanciarte de la gente.
- A tener unas altísimas expectativas de los demás.
- A imponerte normas estrictas.

Así se comporta, por ejemplo, alguien que se ha puesto límites rígidos:

- Dice que no con dureza para lograr que la gente deje de pedirle cosas en el futuro.
- Establece la norma de que jamás cuidará de los hijos de su hermana.

Saludables

Los límites saludables son posibles cuando tu pasado no asoma la cabeza en tus interacciones presentes. Hay que ser consciente de las capacidades emocionales, mentales y físicas, y debe haber una comunicación muy clara.

A qué te llevan los límites saludables

- A dejar claros tus principios.
- A escuchar tu propia opinión.
- A compartir con los demás de manera apropiada.
- A presentar una vulnerabilidad saludable con la gente que se ha ganado tu confianza.
- A decir que no sin incomodidad.
- A recibir sin malestar un no como respuesta, sin tomártelo como algo personal.

Así se comporta, por ejemplo, alguien que se ha puesto límites saludables:

- Dice que no sin pedir perdón por ello, porque en ese momento es la elección más saludable para él.
- Ofrece ayuda económica cuando es adecuado y cuando puede darla, sin por ello provocarse problemas económicos a sí mismo.

Ponerse límites no es fácil, de acuerdo. El miedo paralizante a cómo va a responder alguien puede lograr que nos echemos atrás. Tal vez te dé por inventarte diálogos a cuál más extraño y prepararte para el peor escenario posible. Pero créeme: en una relación saludable de larga duración, ¡una pequeña incomodidad vale muchísimo la pena!

Siempre que identifiques un límite que te gustaría establecer, recuerda que se trata de un proceso en dos pasos: comunicar y actuar.

Comunicar

Comunicar verbalmente tus necesidades es el primer paso. La gente no va a descifrar con exactitud cuáles son tus límites tan solo basándose en tu lenguaje no verbal o en unas expectativas no verbalizadas. Cuando manifiestas explícitamente lo que esperas de alguien, no hay demasiado margen para que esa persona malinterprete lo que necesitas. Las declaraciones asertivas son la manera más efectiva de hacerlo.

Comunicar verbalmente tus límites puede sonar así:

- «Cuando estamos en desacuerdo, me gustaría que emplearas un tono más bajo y que te tomaras un tiempo si crees que la discusión te está alterando demasiado. Asimismo, te avisaré cuando tu tono me resulte incómodo».
- «Para mí es importante que respetes los planes que hemos hecho. Si necesitas cambiarlos, mándame un mensaje unas horas antes, por favor.»

Actuar

El proceso no termina con la comunicación. Debes defender con tu comportamiento lo que comunicas. Esperar que sea el otro el que te lea la mente es la fórmula perfecta para tener una relación no saludable. Debes actuar. Por ejemplo, imagina que le has dicho a un amigo: «Para mí es importante que respetes los planes que hemos hecho. Si necesitas cambiarlos, mándame un mensaje unas horas antes, por favor». Como has comunicado verbalmente tu límite, cuando este se transgrede tienes que reforzarlo con tus acciones. En este caso, le harías saber a tu amigo que no puedes amoldarte a los nuevos planes porque te ha avisado con muy poca antelación. Le dirías, muy amablemente: «Quiero quedar contigo, pero mi horario no me lo permite. Busquemos una hora para vernos la semana que viene». Es muy duro, lo sé. Pero es que respetar tus límites con tus acciones es la única manera de que la mayoría de la gente entienda que te lo tomas en serio, y así harás que la gente que te rodea también se tome en serio tus límites.

Los límites son para ti y para la otra persona

En los talleres que imparto, los participantes a menudo cuentan cómo han fracasado en el momento de comunicar un límite. Mucha gente cree que, una vez que ha establecido un límite, los demás lo respetarán. Así pues, la persona que se lo ha puesto no actúa después de comunicarlo. Y esa falta de acción invita a que en esa relación se transgredan los límites constantemente. Tendrás que tomarte todas las molestias necesarias para asegurarte de que se respetan tus límites. Llegar hasta el final es responsabilidad tuya.

En esta fase, el mayor miedo es cómo responderán los demás, así que vamos a prepararnos para lo que pueda ocurrir.

RESPUESTAS HABITUALES CUANDO COMUNICAS TUS LÍMITES

Es importante tener en cuenta cómo va a responder la gente, pero tampoco te obsesiones con sus posibles reacciones.

Respuestas habituales a los límites

1. Resistirse.
2. Ponerlos a prueba.
3. Ignorarlos.
4. Razonar y preguntar.
5. Ponerse a la defensiva.
6. Desaparecer.
7. Hacer el vacío.
8. Aceptarlos.

Resistirse

Es normal que la gente muestre resistencia hacia los cambios que afectan a una relación. Al principio puede ser confuso. Sin embargo, si alguien te respeta, va a respetar esos cambios. Todos crecemos y evolucionamos, y nuestras relaciones deben hacer lo propio. En cualquier momento puedes encontrar resistencia: nada más establecer tu límite o al cabo de un tiempo, cuando la persona decide que ya no lo respetará más.

Resistirse es una manifestación del miedo a que las cosas sean diferentes, a que esa persona se sienta fuera de la zona de confort. Aunque *diferente* no significa *peor*, a algunas personas les costará lidiar con los nuevos términos de una relación.

Después de que Kim le dijera a su amiga que no podía ayudarla con la mudanza, tal vez su amiga respondiera: «Vale», como si lo hubiera entendido. Sin embargo, al día siguiente, insistiría: «¿Seguro que no puedes echarme una mano? Tú siempre me ayudas».

Las respuestas típicas de alguien que se resiste son como estas:

- «Pues no sé si voy a poder hacerlo».
- «No es justo.»

- «Yo también necesito ciertas cosas y no pretendo que tú cambies.»

Cómo gestionarlo
Dile a la otra persona que entiendes su preocupación. Reafirma el límite que te habías puesto al principio.

Por ejemplo:

- «Gracias por hacérmelo saber. Sin embargo, voy a insistir en lo que te pido».
- «Comprendo que no te gusta mi límite, pero necesito sentirme seguro en nuestra relación. Y tener límites me ayuda.»

Ponerlos a prueba
Los niños lo hacen mucho —es una manera de desarrollar independencia cuando son pequeños—, pero los adultos también. Te han escuchado, pero quieren ver hasta dónde estás dispuesto a llegar. Pongamos que Kim le dice a su amiga: «No puedo ayudarte con la mudanza». Y la amiga responde: «Bueno, ¿y la semana que viene?». Su amiga intenta ver si Kim muestra flexibilidad. Si Kim le contesta: «Vale, la semana que viene», le está mandando el claro mensaje de que el límite es flexible.

Algunas respuestas típicas de alguien que pone a prueba los límites son:

- «No tengo por qué hacerte caso».
- «Ya volveré a preguntarte, a ver si me puedes ayudar.»

Cómo gestionarlo
Sé claro con el comportamiento en que has reparado. Verbalízalo: «Estás poniendo a prueba mis límites». Expresa cómo te hace sentir que los pongan a prueba: «Cuando no respetas mis límites, me siento...». Y después reafírmalo. Explicar tus límites deja margen

para que la gente ponga objeciones a tus necesidades. Con tal de lograr que los demás se sientan cómodos, a lo mejor abrimos la puerta a que nos convenzan para que abandonemos la idea de establecer topes saludables. Esfuérzate al máximo para verbalizar tu límite sin ofrecer una explicación, para que así nadie pretenda disuadirte.

Ignorarlos

La gente ignora los límites como una manera pasivo-agresiva de fingir que no los han oído. Pero los límites hay que respetarlos. Cuando alguien ignora nuestras peticiones, llega el resentimiento. Con el tiempo, este sentimiento erosiona el respeto en esa relación.

Kim dice: «No voy a poder ayudarte con la mudanza». Al cabo de dos días, su amiga le pregunta: «¿A qué hora te va bien venir este finde para echarme una mano con la mudanza?». Kim tiene varias opciones: reafirmar su límite, dejarse llevar y ayudar a su amiga, o no presentarse para echarle una mano. Siendo asertiva, Kim podría decirle: «Antes de ayer te dije que no iba a poder ayudarte». Si tiene demasiado miedo a reafirmar su límite, lo más probable es que termine ayudando a su amiga, y lo más probable es que su amiga ignore el siguiente límite que Kim intente marcar.

¿Qué ocurre cuando ignoran tus límites?

- Terminas haciendo lo que quieren los demás, a pesar de tu límite.
- Actúas como si tu límite se hubiera malinterpretado.

Cómo gestionarlo

Reafirma tus límites. Pide a la otra persona que repita lo que le has dicho. Pon énfasis en la importancia de que el cambio se mantenga a partir de ese momento: «En el futuro también voy a necesitarlo». Reacciona de inmediato nada más darte cuenta de que ignoran tus límites. Si no, estos van a desaparecer.

Razonar y preguntar

Como en el pasado aceptaste conductas que ahora consideras inapropiadas, la gente reaccionará formulándote preguntas para justificar de manera razonada que su comportamiento no es problemático.

En este escenario, la amiga de Kim responde con preguntas para tantear el terreno: «¿Por qué no puedes ayudarme con la mudanza? Yo te ayudaría a ti». Estas preguntas son difíciles de responder. Empezar poniendo excusas o pidiendo perdón es tentador, pero en nada te ayuda decir que lamentas poner un límite. Recuerda que la gente se beneficia de tu falta de límites. Debes mirar por ti mismo, sin excusas que valgan. Es probable que la gente se cuestione tu cambio cuando has hecho cosas que ahora ya no estás dispuesto a hacer. No pasa nada por hacerles saber que has cambiado de opinión o que la situación pasada ya no te resulta satisfactoria.

Algunas respuestas típicas de alguien que razona y pregunta son:

- «¿Por qué me pides que cambie?».
- «¿Para qué íbamos ahora a hacer las cosas de otra manera?»

Cómo gestionarlo

Procura no explicarte. Tus respuestas deben ser cortas; por ejemplo: «Es lo más saludable para mí». Dar demasiada información te meterá en una negociación de tira y afloja.

Ponerse a la defensiva

Ocurre cuando la gente se siente atacada. Comunicar de una manera muy clara ayuda a minimizar las posibilidades de que se ponga a la defensiva. No obstante, habrá gente que responderá así, sin que le importe de qué manera comunicas tus expectativas o tus deseos. Las personas que se pongan a la defensiva volverán el asunto en tu contra, porque no quieren sentirse culpables.

En esta situación, la amiga de Kim respondería: «Tampoco es que me pase la vida de mudanza en mudanza, pero no quieres ayudarme, vale». Cuando una persona está a la defensiva, no te escucha mientras hablas; se lleva lo que dices a un terreno personal y elabora una respuesta en consecuencia. Esta respuesta tiene más que ver con esa persona que contigo. Esa gente tan solo se preocupa por cumplir sus deseos y se resiste a aceptar cambios en la dinámica de vuestra relación. Pero es que las relaciones saludables no son unilaterales. Las necesidades de ambas partes son igual de importantes.

¿Qué ocurre cuando alguien se pone a la defensiva?

- Le da la vuelta a tu petición para terminar pidiéndote algo a ti.
- Te explica por qué hizo algo en el pasado.
- Te acusa de estar atacándole.
- Te recuerda lo que hiciste en el pasado para intentar poner tu petición en contexto.

Cómo hablar con gente que está a la defensiva

- Deja claro que hablas de ti, no de ella. Utiliza afirmaciones con la primera persona del singular.
- Habla de una cuestión cada vez.
- Cuando fijes tu límite, no hables con esas personas de asuntos del pasado.
- Utiliza palabras sobre «sentimientos», por ejemplo: «Cuando tú..., yo me *siento*...».
- Di algo en el momento o al cabo de poco tiempo. No dejes que los problemas se enquisten durante días, semanas o meses.

- Sé consciente de con quién estás tratando. Si no vas a poder hablar en persona, manda un mensaje o un correo con tus pensamientos. Algunas conversaciones vale más tenerlas en persona, cierto, pero si crees que cara a cara vas a ser incapaz de establecer un límite, hazlo por cualquier medio que tengas a tu alcance.

Desaparecer

Es dar algo por terminado sin que medie una explicación, una respuesta nada saludable hacia los límites. La gente pasivo-agresiva tiene esta respuesta. En lugar de expresar su objeción, intenta mostrarte a través de sus acciones cómo se siente. Habrá desaparecido enseguida o cuando pasen unos días desde que le hicieras partícipe de tus deseos. En general, se trata de una forma de castigar.

Por ejemplo, Kim dice: «No voy a poder ayudarte este fin de semana». La semana siguiente, Kim le manda varios mensajes a su amiga para saber qué tal está o para saludarla, como suele hacer, y su amiga no responde. Kim sabe a ciencia cierta que su amiga ha recibido los mensajes, porque ve la confirmación de lectura que los marca como vistos.

¿Qué ocurre cuando alguien desaparece?

- No responde a tus llamadas o mensajes.
- Cancela sus planes contigo.
- Seguís en contacto a través de amigos o conocidos en común, pero a ti te ignora.

Cómo gestionarlo

Envíale un mensaje o un correo para contarle el comportamiento que estás notando. Lo más probable es que te responda, porque la gente no quiere que se sepa que está molesta cuando lo está. Exprésale cómo te hace sentir que haya desaparecido y las preocupaciones que te despierta vuestra relación. Si tardas unos días en recibir una respuesta, asegúrate de repetir cómo te hace sentir que desaparezca. Si no recibes una respuesta, recuerda que su reacción no tiene que ver contigo, sino con su interpretación de la situación.

Hacer el vacío

Esta respuesta es menos extrema que desaparecer, pero sigue siendo dolorosa. También es pasivo-agresiva y una forma de castigarte por intentar establecer un límite. Esta persona estará ostensiblemente distante a partir del momento en que anuncias tus necesidades. Si intentas hablar con ella, te responderá con monosílabos, como *sí* o *no*. Ser el receptor de un trato así llena de soledad y de confusión. La otra persona está presente, pero no del todo.

Si la amiga de Kim le hubiera hecho el vacío, habría ocurrido de este modo: Kim queda con su amiga la semana siguiente para comer, una cita que estaba planeada con anterioridad, y su amiga no actúa como de costumbre. Está callada y se la ve preocupada. Kim intenta involucrarla en la conversación, pero ella no hace más que responder con frases muy cortas.

¿Qué ocurre cuando alguien te hace el vacío?

- Estaréis horas o días sin hablar.
- Responderá a tus preguntas con pocas palabras para expresar, de una manera pasivo-agresiva, lo molesto que está.

Cómo gestionarlo

Verbaliza lo que percibes: «Te veo molesto. ¿Podemos hablar de lo que te dije?». Deja claro cuál consideras que es el problema. Cuestiona el comportamiento de la otra persona. Quizá puedas ofrecerle información acerca de la razón que te llevó a ponerte ese límite:

«Estaba saturado y me veía incapaz de añadir otro ingrediente a un plato ya lleno».

Aceptarlos

Aceptar los límites es la manera saludable de responder y señal de una relación mutua y funcional.

En este caso, la amiga de Kim le dice: «Gracias por hacérmelo saber». De repente, Kim se siente liberada de tener que ayudar a su amiga con la mudanza. Y aquí paz y después gloria. A pesar del miedo que envuelve la vivencia de poner límites, por mi experiencia, la mayoría aceptará tus peticiones con amabilidad. Cuando alguien responde de un modo no saludable, es evidente que necesitabas establecer límites hace tiempo y que debes reevaluar la relación para comprobar si tus necesidades están siendo satisfechas.

Lo más seguro es que hayas negado los problemas durante demasiado tiempo. Quizá tu problema sea que te piden hacer una cosa, dices que sí y terminas resentido con esa persona por haberte pedido algo. O, quizá, que permites que alguien te diga cosas que te hacen sentir incómodo.

Los límites son la cura.

Los límites son la cura para la mayoría de los problemas de una relación. Pero ambas partes deben participar y respetar los límites del otro.

Señales de que no mantienes una relación saludable

- Eres incapaz de expresar tus necesidades, porque la otra persona se niega a escuchar.

- La otra persona rechaza cumplir peticiones razonables.
- Hay un maltrato emocional, físico o sexual.
- Terminadas vuestras interacciones, casi siempre te sientes triste, enfadado, exhausto o decepcionado.
- La relación es unilateral: tú das y el otro solo recibe.
- Hay falta de confianza.
- La otra persona se niega a cambiar algunos comportamientos no saludables.
- La otra persona tiene una adicción que es dañina para ti.

Los límites crecen y se expanden con el tiempo, a medida que cambian nuestras necesidades.

ÁREAS EN LAS QUE CON MÁS FRECUENCIA NECESITAMOS LÍMITES

En cuanto aprendas a identificar los problemas con los límites, a comunicar tus necesidades y a reforzarlas a través de tus acciones, podrás empezar a implementar límites en varios aspectos de tu vida. Son valiosos en una amplísima gama de escenarios. A continuación, verás las áreas más habituales en las que solemos «pelearnos». En la segunda mitad de este libro las exploraremos una a una con detalle.

La familia

Esto no te va a sorprender: en la familia es donde la gente experimenta los principales retos en lo que a límites se refiere, sobre todo en las relaciones entre padres e hijos. Los adultos no tienen claro cómo gestionar las interacciones con sus padres, que cada vez son más mayores. No obstante, los padres deberían respetar los límites y las necesidades de sus hijos, también cuando estos son jóvenes. No pasa nada si un hijo pone límites, como decidir no comer carne o sentirse incómodo cerca de según qué personas. Los padres que respetan esos límites dejan espacio para que sus hijos se sientan seguros y queridos, y fortalecen el hábito positivo de articular las necesidades. Cuando los padres ignoran esas preferencias, los hijos se sienten solos, desamparados, como si sus necesidades no importaran, y seguramente tendrán problemas con los límites cuando sean adultos.

Los hermanos también pueden llegar a pelearse por los límites a medida que crecen. El hermano mayor quizá está acostumbrado a comportarse de un modo concreto, como por ejemplo cuidando de los más pequeños. Pero este rol tal vez deje de ser necesario cuando el hermano pequeño cumple cierta edad. Las dinámicas en las relaciones paternofiliales y entre hermanos se complican mucho más con la llegada en la ecuación de parejas, hijos y familiares políticos. En el capítulo 10 nos zambulliremos en las profundidades del sistema familiar.

El trabajo

En mis sesiones, me encuentro con demasiada gente que trabaja mucho más de cuarenta horas a la semana. Vienen agotados y frustrados, sintiéndose impotentes. Sin embargo, trabajar más de la cuenta a menudo depende más de ti de lo que crees. Es consecuencia de tener límites débiles con tu jefe, con tu equipo y con tu tiempo. Los límites ayudan a mantener una saludable armonía entre el trabajo y la vida. Cuando no consigues dejar tareas pendientes en la oficina, desconectar en plenas vacaciones o alejarte del trabajo a una hora en concreto, ignoras tus propios límites, con el riesgo que ello supone para tu salud y, habitualmente, para la salud de tu familia. En el capítulo 13 veremos cómo identificar y resolver los problemas en el trabajo.

El amor

En una relación sentimental, los problemas con los límites suelen surgir cuando al principio lo das todo y al final no llegas. Un ejemplo perfecto es el de aceptar ciertas cosas al comienzo y no poder mantenerlas pasado un tiempo. Finalmente, pues, no llegas a cumplir tus promesas. Si cambia la manera en que te comportas, verbaliza qué es lo que está provocando dicho cambio. Sé claro y, por ejemplo, di: «Durante mi jornada laboral no voy a poder escribirte tanto como antes, porque tengo un nuevo jefe y quiero causar una buena impresión».

Los problemas con los límites también surgen cuando pones muchísimas expectativas (demasiadas) en la otra persona. Cuando se trata del amor, por alguna razón, todos queremos que nuestra pareja nos lea la mente y sepa todo lo que queremos sin tener que pedírselo. Pero es que ¡es una expectativa imposible!

Ser sincero y claro (a poder ser, desde el principio) acerca de lo que esperas y lo que puedes ofrecer os ahorrará a tu pareja y a ti un montón de quebraderos de cabeza y de discusiones. En una relación larga, vais a tener que poner límites a medida que los dos crecéis y la relación va evolucionando. Es una cuestión especialmente importante en las transiciones, como irse a vivir juntos, casarse y tener hijos. La buena noticia es que, expresados al principio o tras años de relación, los límites pueden conectaros de un modo nuevo y crear espacio para una comunicación abierta y asertiva. En el capítulo 11 hablaremos del amor.

Las amistades

Todos hemos tenido amistades tóxicas. Un día miras a tu alrededor y piensas: «Pero ¿por qué sigo siendo amigo de esta persona? Si no para de...» (puedes completar la frase con *decepcionarme*, *pedirme demasiado*, *hacerme sentir culpable*, *dejarme colgado*, y un largo etcétera). Las amistades no saludables son consecuencia de la falta de límites saludables. Las amistades en las que sientes que das más de lo que recibes son tóxicas. Las interacciones con amigos que suelen terminar en discusiones son tóxicas.

Los amigos son la familia elegida, y dichas relaciones deberían aportar paz, comodidad, apoyo y diversión a tu vida, no un drama desmedido. En el capítulo 12 voy a definir una relación saludable en contraposición con una no saludable y veremos qué es lo que te impide tener amistades saludables. También descubriremos cómo cambiar una amistad tóxica o cómo salir de ella.

La tecnología

Los adultos y los adolescentes estamos experimentando mayores niveles de ansiedad y de depresión debido al miedo a no estar bien informados y a las comparaciones que surgen del uso de las redes sociales. La infidelidad está en auge debido a una utilización inapropiada de las aplicaciones y de las redes sociales. La tecnología aporta nuevos retos interpersonales a la experiencia humana, y no va a desaparecer.

La tecnología seguirá avanzando a pasos agigantados, así que es preciso fijar unos límites que te ayuden a proteger tu felicidad y tus relaciones frente a esa velocidad. Debes determinar cómo vas a expandir tus límites para incluir la tecnología en tu vida. Ponerte límites con los dispositivos es vital en las relaciones y en el sistema familiar, sobre todo en lo que a los niños se refiere. En el capítulo 14 analizaremos con más detalle los límites tecnológicos.

El problema de Kim era decir que no, pero hay muchas formas en las que los límites pueden ayudarnos.

PREGUNTAS PARA REFLEXIONAR

- Piensa en alguna vez en la que alguien te dijera que no. ¿Cómo reaccionaste? ¿Podrías haber reaccionado de una manera más saludable?

- Piensa en alguna vez en que querías decir que no, pero no lo hiciste. ¿Cómo podrías haber expresado tu límite?

- ¿Cómo crees que va a responder tu gente a tus límites? ¿Te basas en hechos o en lo que imaginas? ¿Qué hay en tu pasado que te haga pensar así?

- ¿En qué aspectos de tu vida necesitas límites ahora mismo? Enumera tres lugares o relaciones en las que te gustaría establecer un nuevo límite.

Para comprenderlo mejor, haz el test de autoevaluación de la página 299 para saber si tus límites son porosos, rígidos o saludables.

El coste de no ponerse unos límites saludables

Preferir la incomodidad al resentimiento.

BRENÉ BROWN

Erica creía que debía ser una trabajadora concienzuda, una gran amiga y una madre todoterreno, y que además pareciera que hubiera dormido ocho horas por la noche. Trabajaba de contable cuarenta horas a la semana y era la madre soltera de dos niñas de siete y nueve años. Cuando no estaba en el trabajo, llevaba a las niñas en coche hasta sus respectivas actividades: la mayor jugaba al fútbol, la menor iba a clases de danza y las dos eran unas activas *girl scouts*; asimismo, recibían clases particulares.

El padre de sus hijas solo le daba apoyo económico y apenas la ayudaba con las niñas. A pesar de todo, Erica estaba decidida a darles la mejor vida posible.

Basaba su perspectiva de la maternidad en el hecho de que el resto de las madres que tenía alrededor parecían hacerlo todo sin ayuda. Así pues, terminada la universidad, no vio inconveniente alguno en mudarse a ochocientos kilómetros de su familia.

Este año, sin embargo, durante la intensa temporada de la presentación de impuestos, empezó a desmoronarse. Los días largos, las noches y las expectativas comenzaban a ser demasiado. Fregar y guardar los platos después de cenar se transformó en acumular los platos en el fregadero. Su rutina de poner una lavadora diaria se transformó en una lavadora cada quince días. Comenzó a distraerse mirando las redes sociales con el móvil, por lo cual llegaba tarde a todas partes. Sus hijas se alimentaban de comida rápida o tiraban de congelados, porque Erica ya no era fiel a su decisión de proporcionarles una dieta equilibrada. Sin quererlo, se había puesto en una especie de huelga.

En algún punto, se dijo: «Al diablo. ¿Cómo voy a ser una trabajadora y una madre excelente al mismo tiempo?». No podía con todo, así que empezó a hacer lo mínimo posible en casa y a pasar poquísimo tiempo con sus amigos. Cuando las niñas intentaban hablar con ella sobre los cambios que percibían en el hogar, Erica negaba que hubiera un problema. Entonces, y durante unos días, recuperaba su antiguo ritmo de locomotora, limpiando, cocinando y llevando a sus hijas a todas las actividades. Pero no podía seguir así, y al final era inevitable que volviera a dejar pasar las cosas.

Erica comenzó la terapia por la presión de sus amigos, que veían cómo se iba quemando. Aunque ella era consciente de que se pasaba horas en internet y que se había vuelto más insociable, dudaba que realmente estuviera quemada. Al fin y al cabo, en el trabajo todo iba bien. Aunque se dio cuenta de que en el trabajo recibía apoyo y elogios porque las expectativas eran razonables. En casa, decía, su trabajo era ingrato, interminable y tedioso. No disponía de herramientas para asesorarse a sí misma en el hogar, como sí ocurría en el trabajo. No contaba con un sistema de apoyo en el que verter sus frustraciones. Le daba la impresión de que jamás iba a cumplir las expectativas de ser una buena madre, esas expectativas que previamente había procurado alcanzar.

Erica debía crear unas expectativas realistas en relación con su papel como madre, y eso significaba establecer límites saludables.

Cuando empecé la consulta con Erica, me habló de sus fantasías de marcharse lejos y dejarlo todo. No es que no quisiera a sus hijas. Pues claro que las quería. Es que todo era muy agotador. Le frustraba no poder depender del padre de las niñas. Le molestaba tener que pedirle que fuera a recogerlas a la escuela o tras las actividades extraescolares. Erica ansiaba una vida equilibrada para sus hijas, pero le frustraba ser la única persona responsable de que les fuera bien.

En mi despacho, me contó que jamás había oído a sus amigas hablar sobre la maternidad de una manera tan negativa. Eso la hacía sentirse desagradecida. Y siempre había querido ser madre, ¿por qué no lo estaba disfrutando? «Cuanto más crecen las niñas, más me alejo yo —me dijo—. En algún momento, me di cuenta de que la maternidad no iba a tener fin.» Al darle un espacio para hablar con libertad, Erica se permitió ser sincera con los sentimientos que llevaba tiempo evitando.

Durante una de las sesiones, tuvo un momento de lucidez al reparar en que la rabia que sentía hacia su exmarido la estaba redirigiendo hacia sus hijas. Esa revelación emocional la llevó a dar algunos pasos para estar más centrada en casa. En lugar de quejarse por no tener ayuda, contrató a una mujer para que la ayudara varias veces al mes. Preguntó a sus amigas si algún día aceptarían quedarse con sus hijas durante unas cuantas horas, mientras ella pasaba tiempo consigo misma. Comenzó a darles tareas domésticas a las niñas, para que así no todo dependiera de ella. Erica comenzó a gestionar su agotamiento liberándose de la necesidad de ser una mamá todoterreno y pidiendo ayuda cuando la necesitaba.

QUÉ PUEDE OCURRIR CUANDO EVITAMOS PONER LÍMITES

El síndrome de estar quemado

Estar quemado es muy agobiante, y los límites son el remedio. Uno está quemado cuando se siente agotado emocional, mental o físicamente. En muchos casos, como en el de Erica, conduce a una frustración crónica, a descuidar los deberes, a cambios de humor y a la evitación. Un artículo publicado en la *Harvard Gazette* afirmaba que en Estados Unidos el síndrome de estar quemado (o *burnout*) en los médicos supone un coste para el sistema de salud de 4.600 millones de dólares al año.[1] Como consecuencia, los doctores cometen errores médicos gravísimos, como diagnosticar enfermedades erróneamente, prescribir medicamentos equivocados y no prestar atención a los detalles esenciales.

Según Emily Nagoski y Amelia Nagoski, las autoras de *Burnout: The Secret to Unlocking the Stress Cycle*, es un estado causado por el estrés, que describen como «el cambio neurológico y fisiológico que tiene lugar en tu cuerpo cuando estallan los detonantes».[2]

Las causas del síndrome de estar quemado son:

- No saber cuándo decir que no.
- No saber cómo decir que no.
- Priorizar a los demás por encima de ti mismo.
- Querer complacer a los demás.
- Sufrir el síndrome del superhéroe («yo puedo con todo»).
- Tener unas expectativas exageradas.
- No sentirte valorado por lo que haces.

Veamos cómo aparecen esas causas en el caso de Erica.

No saber cuándo decir que no

A pesar de ser consciente de que en el trabajo se avecinaba la época más dura, Erica no se propuso hacer menos. En lugar de eso, quería seguir funcionando al mismo ritmo que durante el resto del año. Incluso añadió una nueva actividad al horario de sus hijas en el momento en el que más ocupada estaba.

Sin contar con apoyo adicional, Erica debía hacer lo siguiente:

- Prepararse ella y preparar a las niñas.
- Llevarlas a la escuela.

- Trabajar de nueve de la mañana a cinco de la tarde.
- Recoger a las niñas en la escuela.
- Llevarlas a las actividades extraescolares.
- Preparar la cena.
- Limpiar la casa.
- Ayudar a sus hijas con los deberes.
- Prepararlas para que se fueran a la cama.
- Conectarse a internet para trabajar.
- Prepararse para el día siguiente.
- Dormir cinco o seis horas.

Y al día siguiente el ciclo empezaba otra vez.

Límite sugerido. La mayoría de los padres quieren una educación integral para sus hijos, pero esta no debe alcanzarse en detrimento de su salud. Erica podría hablar con los demás padres de su barrio para ver si compartir el coche hasta la escuela era una opción. También podría aligerar su carga diciendo que no a cualquier cosa que fuera más allá de una actividad semestral para sus hijas.

No saber cómo decir que no
Cuesta muchísimo decir que *no*, sobre todo cuando quieres hacerlo todo. Erica debía aprender a aceptar que no podía hacerlo todo y también impedir que sus hijas se obsesionaran con hacerlo todo.

Límite sugerido. En lugar de decir que sí a todas las actividades extraescolares, Erica podría esperar un semestre para ver si sus hijas seguían interesadas en ellas. Dar tiempo a los niños los ayuda a valorar las opciones que tienen a su alcance. La predisposición a probarlo todo no permite que el niño sea bueno en nada.

Priorizar a los demás por encima de ti mismo
La lista de cosas que hacer de Erica no incluía nada para relajarse

o conectar consigo misma. Trabajo, hogar e hijas ocupaban el centro de sus días. En su lista no aparecía ella.

Límite sugerido. Erica podría guardar un tiempo diario para sí misma, estableciendo una rápida rutina por las mañanas. Por ejemplo:

- Estirar bien (dos minutos).
- Meditar o sentarse en silencio (dos minutos).
- Leer algún texto inspirador (dos minutos).
- Escribir sus pensamientos o algo por lo que quisiera dar las gracias (dos o tres minutos).
- Recitar una afirmación o intención positiva para el día (un minuto).

Repetir este plan antes de ir a la cama también le resultaría útil. Ser fiel a una rutina por la mañana y por la noche garantizaría que Erica tuviera tiempo para conectar consigo misma a diario.

Querer complacer a los demás

Erica quería complacer a muchas personas: a sus hijas, a su jefe y a sus amigos. Quería ser una madre mejor de lo que lo había sido la suya con ella. En su intento por complacer a todo el mundo, sin embargo, se quedaba sin energía para cuidar de sí misma.

Límite sugerido. Propuse a Erica que empezara a preguntarse: «¿Por qué esto me parece tan importante?», y que solo hiciera lo más importante de todo. A veces, hacemos cosas que no son vitales para nosotros, pero creemos que nos ayudan a mantener una imagen de «buen padre» o de «persona que está al cien por cien».

Sufrir el síndrome del superhéroe («yo puedo con todo»)

Nadie puede hacerlo todo. Creer que sí hace que terminemos quemados. Erica veía a las mamás blogueras que publicaban imágenes espectaculares de sí mismas acunando a sus bebés superbién vestidos. Durante mucho tiempo, creyó que era posible hacerlo todo y, además, cocinar platos elaborados todos los días. No tenía perspectiva sobre el esfuerzo medio que hacen las mujeres para gestionar el trabajo, la vida y las relaciones, aunque lo estuviera viviendo ella misma.

Límite sugerido. Dejar de seguir a gente en las redes sociales que parece dar el cien por cien a todas horas. Conectar más con madres que cuentan sus problemas diarios con sinceridad y que comparten sus maneras de gestionar el estrés.

Tener unas expectativas exageradas

Erica ponía una lavadora a diario, preparaba la cena, trabajaba, llevaba a sus hijas en coche y trabajaba un poco más. Sus expectativas no eran ni razonables, ni realistas, ni sostenibles. Le sugerí que se hiciera estas preguntas: «¿De quién son las expectativas que intento cumplir? ¿Mis hijas creen que les diré que sí a todo lo que pidan? ¿De verdad mi familia necesita siempre cenar una receta que se tarda una hora en preparar?». Y entonces consideró que tal vez sus expectativas no eran razonables. Las expectativas realistas no provocan estrés.

Límite sugerido. Erica se ocupaba de tareas que no siempre debía hacer ella. Al fin, estuvo dispuesta a pedir o a contratar ayuda, para así hacer menos y delegar más. Es imposible que inventemos más tiempo, pero sí podemos delegar, hacer menos o pedir ayuda.

No sentirte valorado por lo que haces

Erica no estaba quemada en el trabajo, porque allí recibía reconocimiento por sus esfuerzos y se sentía valorada. Por eso se creía muy buena profesional. En casa, sin embargo, no recibía ningún elogio por sus esfuerzos.

Límite sugerido. Di a los demás lo que necesitas. Erica ahora era consciente de que necesitaba afirmación y valoraciones positivas. Comunicar esa necesidad a su familia podría darle el empujón que necesitaba.

A continuación leerás una lista de problemas que a menudo hacen que estemos quemados.

¿Qué te lleva a estar quemado?

- Escuchar a gente que se queja una y otra vez de lo mismo.
- Dar lo mejor de ti en el trabajo sin sentirte apreciado.
- Aconsejar a personas que no valoran tus opiniones.
- Hablar con gente que al final te pasa factura emocional.
- Llevar a cabo tareas que no te hacen feliz.
- No tener equilibrio (armonía) entre tus distintos papeles y tus deberes.
- Ponerte altas expectativas en el trabajo, en casa o en tus relaciones.
- Sentir la imperiosa necesidad de dominar situaciones que escapan a tu control.

SALUD MENTAL Y LÍMITES

Los problemas de salud mental no suponen una incapacidad para decir que no, para ser asertivos y mirar por nosotros mismos. Sin embargo, no saber poner límites sin duda alguna puede agravar los problemas de salud mental. Por ejemplo, rumiar sin parar —es decir, reproducir nuestros pensamientos una y otra vez— es un comportamiento que se corresponde con ciertos diagnósticos. Concentrarnos en cuál puede ser la respuesta de los demás es una manera de rumiar que influye en nuestra capacidad para actuar. Establecer límites suele ser más complicado cuando se dan los siguientes problemas de salud mental.

Ansiedad

Cuando alguien quiere ir a terapia, normalmente es porque sufre ansiedad o depresión. Según la Asociación de Ansiedad y Depresión de Estados Unidos, a 40 millones de estadounidenses adultos se les ha diagnosticado ansiedad, y depresión a cerca de otros 20 millones.[3]* A mucha gente se le diagnostican las dos.

En primer lugar, examinemos la ansiedad con detalle. A menudo, surge por haberse puesto unas expectativas exageradas, por la incapacidad para decir que no, por querer complacer a todo el mundo y por la imposibilidad de ser asertivo. Cuando me llega un cliente con ansiedad, empezamos diseccionando los distintos aspectos de su vida y su trabajo para así intentar minimizar la causa que le provoca la ansiedad.

Basándome en mi experiencia, el principal detonante es la incapacidad para decir que no. Por tanto, ayudar a gente con ansiedad significa ayudarla a fijar límites.

Decir que no es la manera más evidente de marcarse un límite. Pero para no parecer desagradables ni contrariar a nadie, solemos aceptar aquello que no queremos. Tal vez consintamos en hacer algo para lo que no tenemos tiempo o que, en realidad, no sabemos hacer.

Y entonces sentimos ansiedad por las cosas que hemos dicho que sí haríamos con o para alguien. Nos preocupa llegar a hacerlo todo y hacerlo correctamente. En cuanto tales preocupaciones ane-

---

* En España, en el año 2019, según un artículo publicado en *La Vanguardia*, el 6,7 % de la población sufría ansiedad, exactamente el mismo porcentaje de personas aquejadas por depresión. Entre el 2,5 % y el 3 % de la población adulta padecía un trastorno mental grave. Véase «La salud mental en cifras», *La Vanguardia*, 3 de abril de 2020, <www.lavanguardia.com/vida/20190403/la-salud-mental-en-cifras.htlm>. [N. del T.]

gan nuestro cerebro, experimentamos ansiedad. Así pues, establecer un límite con respecto a lo que podemos (y queremos) hacer es un modo de controlar los detonantes de la ansiedad.

Las expectativas exageradas que te pones a ti mismo y que pones a los demás también desencadenan ansiedad. A veces, las expectativas surgen al compararte con otra gente, o quizá tus expectativas provengan de tu familia, de las normas culturales o de tus amigos. Si lidias con una ansiedad recurrente, es importante que seas consciente de qué expectativas son razonables y cuáles no. Para dictaminar si tus expectativas son razonables, ten en cuenta lo siguiente:

1. ¿El estándar de quién estoy intentando alcanzar?
2. ¿Dispongo de tiempo para comprometerme a hacer esto?
3. ¿Qué es lo peor que puede pasar si no lo hago?
4. ¿Cómo puedo respetar mis límites en esta situación?

Para la gente con ansiedad crónica, la parte más complicada de este proceso es el miedo a lo que piensen los demás. En un estado de ansiedad, la gente se imagina escenarios que conducen a resultados adversos si intentan ponerse un límite. «Si digo que no, dirán que soy egoísta y me abandonarán», por ejemplo.

A pesar de que el peor de los casos es el que tiene menos probabilidades de ocurrir, cuando sientes ansiedad es precisamente el que intentas evitar con más ahínco. Pero, en realidad, el peor escenario es el de evitar los límites. Decirle que no a alguien te permite decirte que sí a ti o a las cosas que de verdad quieres.

Estas son algunas afirmaciones para la gente que debe bregar con la ansiedad:

- «Tengo derecho a fijar mis expectativas».
- «En una relación saludable, mis deseos serán escuchados y aceptados.»
- «Una vez que haya puesto límites, la gente seguirá manteniendo una relación conmigo.»

- «Puedo establecer estándares incluso con la incomodidad que me despierta dar este paso.»

Ahora veamos cómo impactan los límites en la depresión.

Depresión

Cuando trato la depresión, estoy tratando la desesperación. Trabajar con clientes deprimidos implica empoderarlos para que crean en sí mismos. Cuando son capaces de lograrlo, sus vidas son mejores. Una de las maneras en que les inculco esperanza es ayudarlos a establecer límites sencillos. Se les ocurre una cuestión pequeñita y le piden a otra persona que se adhiera a esa nimia petición. Empezamos pasito a pasito.

Por ejemplo, les digo: «La próxima vez que comas fuera y te traigan un plato que no está correcto, prométete que pedirás que lo arreglen». Comenzar con un límite menos abrumador con un extraño tal vez parezca trivial, pero cuando alguien sufre depresión, a menudo ve complicado defenderse en cualquier situación. En cuanto ejecutan el encargo, mis clientes con depresión ven que una de sus peticiones puede ser satisfecha. A partir de ahí, empezamos a trabajar con cuestiones más complejas.

Ejemplos de límites menos nocivos

- Acepta que te ayuden con el carrito del supermercado.
- Corrige a las personas que pronuncien mal tu nombre.
- Pide ayuda cuando vayas de compras, en lugar de intentar encontrar los productos por ti mismo.
- Formula preguntas en lugar de suponer que conoces las respuestas.

Si sufres depresión, podría ayudarte ponerte límites acerca del número de tareas que pretendes hacer en un solo día. Si añades demasiadas cosas a tu lista, pero te falta la motivación, estás abonando el terreno al fracaso. La depresión se agravará si abarcas más tareas sin terminar de las que ya has empezado. En lugar de eso, subraya las pequeñas victorias, como darte una ducha el fin de semana, ir al gimnasio o salir con los amigos.

Estas son algunas afirmaciones para la gente que debe bregar con la depresión:

- «Poco a poco, puedo ir prometiéndome cosillas».
- «Las pequeñas victorias son grandes victorias.»
- «Hacer una cosa es mejor que no hacer nada.»

Trastorno dependiente de la personalidad (TDP)

El TDP se caracteriza por la incapacidad para estar solo. Una persona con TDP se siente indefensa sin la ayuda de otra, por lo cual no hay ningún margen para fijar límites en una relación. Las personas con TDP buscan continuamente atención, consejo y consuelo en los demás. Su dependencia a la hora de tomar decisiones y la necesidad constante de ayuda a menudo son dañinas para sus relaciones.

Trastorno límite de la personalidad (TLP)

Las personas con TLP crean vínculos nada saludables con los demás. Sus relaciones suelen ser inestables, porque sobredimensionan sus interacciones con los demás, mediante las suposiciones y las reacciones exageradas. Las personas con TLP a menudo no tienen ningún límite, ya que ven complicado diferenciar dónde empiezan ellos y dónde terminan los demás. La línea que los separa de los otros es muy borrosa.

Asimismo, es probable que la gente con adicciones, trastornos psicóticos y trastornos alimenticios tenga problemas con los límites.

Echemos un vistazo a cómo se presentan estas cuestiones en nuestras relaciones con nosotros mismos y con los demás.

CÓMO SON LAS RELACIONES SIN LÍMITES

Carlos se consideraba un buen amigo. Cuando su compañero de piso le pidió prestado el coche, le dijo que sí de inmediato. No le hizo ninguna pregunta y se fio de que su compañero haría lo correcto.

Cuando se lo devolvió, sin embargo, Carlos enseguida olió a tabaco en el interior y vio que el depósito de gasolina estaba casi vacío. «¿Qué clase de persona fuma en el coche de otro y deja el depósito casi vacío?», pensó. Le decepcionó constatar que su compañero de piso no había cumplido las expectativas tácitas.

Comunicar nuestros límites no es sencillo, pero si no lo hacemos avanzamos hacia un camino de sufrimiento a largo plazo. Es imposible tener una relación saludable con otra persona sin comunicar qué nos parece aceptable e inaceptable. Si no somos proactivos acerca de nuestras expectativas en una relación, podemos estar seguros de que la otra persona pondrá sus propios límites. Y entonces tendremos que seguir sus reglas del juego, solamente las suyas.

Los límites no son normas tácitas.

En el capítulo 6 te enseñaré a comunicar los límites con claridad, pero debes saber que, si no le dices a alguien cuáles son los tuyos, es imposible que lo sepa. La gente no cumplirá un estándar que no hemos expresado nunca. Los límites no son normas tácitas.

Los límites tácitos, los que no se verbalizan, son invisibles y a menudo se formulan así: «Tendría que haberlo sabido», «Es de sentido común»... El sentido común se basa en nuestras propias experiencias, sin embargo, y no es igual para todo el mundo. Por eso es esencial que comuniquemos y que no asumamos que los demás están al corriente de las expectativas que ponemos en nuestras relaciones. Tenemos que informar de nuestros límites y asumir la responsabilidad de defenderlos.

Las relaciones con potencial para ser saludables a menudo se vuelven no saludables como consecuencia de los límites rígidos o porosos. O bien somos muy estrictos con ellos, o bien damos libertad absoluta a los demás, sin límites. Estos escenarios crean relaciones unilaterales, en las cuales una persona soporta casi todo el peso para lograr que la relación siga adelante.

Pero es que una relación saludable la forman dos personas que se apoyan la una a la otra (la única ocasión en la que una relación unilateral es apropiada es en la dinámica padre-hijo).

En pocas palabras, las relaciones sin límites son disfuncionales, irracionales y difíciles de gestionar. Se asientan básicamente en la asunción de que ocurrirá algo «mágico» que le dará la vuelta a la tortilla. Y que nuestras relaciones se arreglen solas es, cuando menos, muy poco probable.

Sin límites en nuestras relaciones, tampoco vamos a cuidar de nosotros de manera saludable. De hecho, la mayoría de la gente sin límites saludables cree que cuidar de sí misma es egoísta, por lo que se siente fatal cuando lo intenta. Cree que cuidar de sí misma va en detrimento de su capacidad de estar ahí para los demás. Cuidar de uno mismo despierta sentimientos de culpa, porque pensamos que los demás van a derrumbarse sin nuestra ayuda.

En este tipo de relaciones, nuestro papel es el de ayudantes. Nos preocupamos por el otro y no nos fiamos de que esa persona sea capaz de cuidar de sí misma, a no ser que nosotros se lo posibilitemos. Nuestra atención se centra en demasiados aspectos, porque continuamente intentamos mantener el equilibrio entre las necesidades de mucha gente y las nuestras propias. Incluso cuando procuramos centrarnos en nosotros mismos, tendemos a seguir centrándonos en los demás y a basar nuestras decisiones en lo que puedan pensar esas personas.

Sin límites, lo más habitual es que las relaciones terminen, o que nos hartemos del maltrato recibido. A veces, permitimos el maltrato durante mucho tiempo, hasta que estallamos. Y entonces, como nunca hemos comunicado nuestra infelicidad con claridad, la otra persona se queda de piedra al saber cuánto hemos sufrido.

Cuando sí verbalizamos claramente nuestras expectativas, diciendo: «Necesito que tú...», por lo menos aprendemos quién está dispuesto y quién no está dispuesto a respetar lo que necesitamos y queremos.

En tus relaciones, ¿los demás saben a ciencia cierta cómo quieres que te traten? ¿Cómo te tratas tú a ti mismo? La gente aprende mucho sobre ti viendo cómo te tratas tú mismo. Hay quien percibirá tu falta de autoestima o tu dependencia al ver cómo te hablas a ti, cómo hablas de ti y cómo te tratas a través de tus acciones. No es razonable esperar que los demás te traten mejor de lo que te tratas tú; así pues, sé amable contigo mismo, porque las personas de tu alrededor te están viendo.

SENTIMIENTOS HABITUALES QUE APARECEN CUANDO NO NOS PONEMOS LÍMITES

Cuando dices que sí, pero quieres decir que no, notas una sensación «rara» en el cuerpo. Cuando dejas que los demás se aprovechen de ti, sientes en tu interior que no está bien. Cuando das algo a regañadientes, lo notas dentro de ti.

Por lo tanto, si aprendes a prestar atención a tu cuerpo, este te dirá cuándo llega el momento de poner límites: en el suspiro que sueltas antes de responder al teléfono, en el deseo de evitar a ciertas personas o en tu resistencia a decir que sí. Tal vez también sientas un nudo en el estómago, un dolor en los hombros o tensión en el cuello o en las sienes. A medida que seas más y más consciente de tus señales corporales, descubrirás cuán a menudo dejas a un lado tus propias necesidades para complacer o cuidar a los demás.

Las emociones que siente mayoritariamente la gente que no se pone límites son resentimiento, ira y frustración. Aquí tienes algunas causas comunes de estos sentimientos en una relación:

- Notar que te hacen caso omiso.
- Establecer un límite y no obtener el resultado que querías.
- Comprometerte a cosas que no te apetece hacer.
- Sentir que te utilizan.
- Evitar ponerte límites.

Analicemos estas emociones con un poco más de detalle.

Resentimiento

En el centro del resentimiento encontramos la decepción. Después, una mezcla de rabia y miedo. Como el resentimiento a menudo es una emoción incómoda de admitir y de expresar, mucha gente niega sentirlo. De ahí que muchos suelan expresarlo de un modo pasivo-agresivo. En lugar de verbalizar: «Estoy resentido», dan a entender cómo se sienten mediante una conversación brusca y evasiva. O evitan pasar tiempo con la persona que los ofende, o restan importancia al comportamiento ofensivo. Al final, terminan asumiendo que el otro debe adivinar por su cuenta por qué están molestos.

Ira

La ira es un sentimiento de hostilidad o de irritación, y puede expresarse interna o externamente. Cuando se expresa hacia dentro, la gente con límites nada saludables empieza a hablarse mal a sí misma, a sabotearse, a culpabilizarse y a bajar su autoestima. En lugar de trasladar la responsabilidad a los demás, la ira se convierte en un problema interno. Y eso a menudo causa ansiedad, depresión u otros problemas de salud mental.

Verter la ira en los demás significa culparlos sin que tengan ninguna responsabilidad real, dejarse llevar por berrinches (gritos, insultos, rabia, llantos, romper cosas o maltratar verbalmente) o tener una disposición apática hacia los demás.

La ira, tanto expresada hacia dentro como hacia fuera, influye negativamente en una relación.

Frustración

La frustración aparece cuando somos incapaces de alcanzar un objetivo o lograr que se cumpla una necesidad, cuando intentamos algo y creemos que hemos fallado. Por ejemplo, pongamos que reúnes la valentía necesaria para ponerte un límite y comunicárselo a otra persona, y entonces ves que no lo respeta. Entonces es evidente que sentirás frustración. Cuando nos sentimos frustrados después de comunicar nuestras expectativas, decimos cosas como «total, si no me va a escuchar» o «ya lo he intentado, pero no ha funcionado». La frustración conduce a una falta de esperanza y de motivación.

Pero estar frustrado no es razón para cejar en el empeño de fijar límites. Establecerlos requiere perseverancia. Hay muchísimas razones que explican por qué no te habrá funcionado. Aquí te dejo unas cuantas:

- La otra persona no estaba preparada.
- Se malinterpretó lo que dijiste porque después no afianzaste el límite marcado.
- Debes respetar los límites que fijas para que la gente entienda que vas en serio.
- Hiciste una petición, pero no estableciste un límite.

Sea cual sea la razón, inténtalo de nuevo. No permitas que la frustración te impida lograr que se cumplan tus necesidades.

COSAS QUE HACEMOS PARA EVITAR PONERNOS LÍMITES

Mudarnos

«Me he mudado para que dejen de pedirme cosas.» Se lo he oído decir a varios clientes en mi despacho. Tal vez culpar a otra persona y poner distancia de por medio parezca lo más sencillo, pero lo más seguro es que termines creando nuevas relaciones con el mismo problema con los límites. Además, la tecnología nos ha facilitado la tentación de ofrecer apoyo emocional y económico a distancia. Podemos llamar, hablar y mandar mensajes sin que sea demasiado caro, y en función de adónde nos vayamos, a lo mejor la persona de la que huimos nos hace una visita rápida y todo. La distancia no siempre resuelve el problema, así que un alejamiento físico no es la respuesta. El cambio necesario es mental, no espacial. Y acto seguido cambiamos nuestra conducta para alinearla con las necesidades verbalizadas.

Lo cierto es que los límites nada saludables te seguirán allá donde vayas, a no ser que aprendas a verbalizarlos.

Chismorrear

He aquí la definición de *chismorrear*:

- Juzgar el comportamiento de una persona para hacerle daño.
- Hacer comentarios a espaldas de la persona de la que se habla.

En lugar de fijar un límite directo, a menudo nos da por chismorrear para procesar nuestras frustraciones. Pero el chismorreo no ayuda y lo único que hace es crear más resentimiento. Este acto no conseguirá mejorar la relación ni poner fin al comportamiento que nos molesta.

Quejarnos

Quejarnos ante los demás no arreglará nuestros límites no saludables. De modo similar a los chismorreos, las quejas son otra manera de procesar la frustración. Sin embargo, al quejarnos, a menudo adoptamos el papel de víctima y decimos: «¿Por qué todo el mundo espera tanto de mí? Mi marido sabe que necesito ayuda, pero no me la ofrece. No entiendo por qué la gente no hace las cosas por sí misma».

No solo no es una solución, sino que las quejas, como los chismorreos, alimentan el resentimiento. Al airear nuestras reivindicaciones, nos volvemos más frustrados y molestos, reforzando así la creencia de que son los demás los que nos hacen la vida imposible a nosotros. No nos paramos a evaluar qué estamos permitiendo que ocurra al no establecer límites claros.

Evitarlo

Cuando me compré un coche nuevo, no quería decirle a la gente que no se lo iba a dejar. Creía que ponerles trabas bastaría para poner fin a esa cuestión. Pero entonces empezaron a pedirme que los llevara yo a los sitios. Al no crear un límite, creé un nuevo problema.

Este tipo de conversaciones son duras, no tienen nada de fáciles. No queremos herir los sentimientos del otro, por lo que permitimos que los problemas se enquisten. Y al final, como es de esperar, aparecen el resentimiento, el enfado o la frustración. Esperamos que los demás tarde o temprano adivinen el significado de nuestra conducta evasiva y cambien por sí solos.

Por ejemplo, cuando iba a la universidad, perdí el interés por el chico con el que estaba saliendo. Cuando me llamaba, pocas veces respondía, y creía que al final se daría cuenta y dejaría de llamar.

Las ocasiones en que sí le respondía, utilizaba excusas: «Entre el trabajo y los estudios, no me queda tiempo para nada» y «Tengo muchos deberes». La verdad era simple: ya no me atraía.

Al cabo de varias semanas, estallé. Cuando me llamó, le dije: «No me gustas como yo te gusto a ti. Creo que deberías dejar de llamarme». ¿Sabes qué? De repente, dejó de llamarme. Ya no me irritaba que sonara el teléfono y el chico tenía la libertad de llamar a otra que sí se interesara por él. Todos contentos.

Evitarlo no fue una estrategia efectiva para mí, y para ti tampoco lo será. Dile a esa persona, de la manera más amable posible: «No, gracias, no me viene bien; no estoy interesado» o «No, no puedo dejarte el coche». No pierdas el tiempo ni se lo hagas perder a los demás con la esperanza de que lo adivinen por su cuenta.

Cortar por lo sano

Cortar por lo sano es desconectar de otra persona de forma brusca, a veces sin que medie una explicación. Antes de cortar por lo sano con alguien, pregúntate lo siguiente:

1. La otra persona, ¿era consciente de tus problemas con vuestra relación?
2. ¿Has intentado fijar un límite?
3. ¿Has defendido tu límite y has hecho responsable al otro?

Uno corta por lo sano al pensar que la otra persona es incapaz de cambiar, que no va a respetar los límites o que la situación ha llegado a tal punto que ya no hay interés alguno en reparar esa relación. Aunque cortar por lo sano parezca una manera sencilla de resolver los problemas, no vamos a poder huir de la necesidad de establecer límites si queremos relaciones saludables.

Este capítulo empezaba con el síndrome de estar quemado de Erica. Durante un retiro, aprendí una actividad que he compartido con mis clientes, y que a muchos les ha parecido útil. El ejercicio «¿Qué hay en tu plato?»[4] es una manera constructiva de identificar qué actividades tienes («en el plato») antes de comprometerte con más.

En una hoja, escribe todos tus deberes, actividades y responsabilidades que acompañan a los distintos papeles que tienes en tu vida. Utiliza la leyenda siguiente y pon un símbolo al lado de cada punto (en algunos quizá tengas que poner más de un símbolo).

☺   Me gusta hacerlo

🕑   Me apetece hacerlo más veces

★   Me consume mucho tiempo

✔   Me da energía

1   Es para mí

2   Es para los demás

En cuanto hayas completado la actividad, pregúntate:

- ¿Te sorprende algo de la lista?
- ¿Qué le falta a tu lista?
- ¿Qué debes eliminar para pasar más tiempo haciendo lo que te gusta?

En el siguiente capítulo, vamos a analizar por qué toleramos los problemas con los límites, por qué es tan difícil establecerlos y de qué manera los traumas y la falta de atención en la infancia convierten este proceso en un reto particularmente difícil para nosotros.

¿Por qué no nos hemos puesto límites saludables?

> Los límites son la clave para tener unas relaciones saludables.

«Ahora, el hombre de la casa eres tú», le dijo a Justin su madre después de que sus padres se divorciaran. Tenía solo doce años. Como de pronto se sintió responsable de sus hermanos menores, Justin empezó a cuidar de ellos después de clase, a preparar la cena por las tardes y a ayudarlos en el momento de irse a la cama. Hasta se los llevaba cuando salía con sus amigos.

La madre de Justin estaba muy ausente, tanto física como emocionalmente. Cuando no trabajaba, la depresión en la que se sumió tras el divorcio la dejaba exhausta. Su exmarido había pasado página y estaba saliendo con una mujer que tenía un hijo. Y aunque Justin no dejaba de ser un chaval, se convirtió en el cuidador y en el pilar emocional de su familia.

Su madre le preguntaba su opinión sobre cómo educar a sus hermanos. Lloraba y compartía con él las emociones que le despertaba el divorcio. Los suyos consideraban a Justin muy maduro para su edad. Lo veían muy sensato, así que todos se abrieron enseguida con él.

Cuando vino por primera vez a mi terapia, Justin tenía veintinueve años, pero seguía muy, muy involucrado en el cuidado de sus hermanos. De hecho, era la persona a la que recurrían casi todos los que lo rodeaban. Sus amigos contaban con él para que les diera buenos consejos, sus padres lo llamaban siempre que surgía un problema con sus hermanos, y estos lo utilizaban de apoyo emocional y económico. A los veintinueve años, estaba harto de tener siempre el papel del responsable resolutivo, pero no encontraba una manera de salir de ahí. Al fin y al cabo, creía que todos lo necesitaban.

Este patrón incluso afectó a sus relaciones sentimentales. Justin siempre hallaba a la persona «proyecto» con la que salir: una que necesitara ayuda. Su relación más larga duró nueve meses; en cuanto su pareja dejó de necesitarlo, la relación enseguida se apagó. Era consciente de que tendía a atraer a gente dependiente. No es que disfrutara una barbaridad ayudando a los demás, pero sí que creía que su ayuda era necesaria.

Como siempre se daba a los demás, Justin nunca pedía ayuda para sí mismo. Era del todo autosuficiente, y sentirse impotente lo ponía incómodo. Ni siquiera le gustaba que su novia intentara prepararle algo bonito. Esperaba casarse y tener hijos. Sin embargo, crear y mantener un vínculo con alguien que no fuera parte de su familia y sus amigos se le antojaba un auténtico reto.

Justin necesitaba aprender a comunicar sus necesidades emocionales y permitir que los demás estuvieran ahí para él. Durante el divorcio de sus padres, llegó a la conclusión de que sus necesidades eran demasiado complicadas para los demás y que se le daba mejor dar que recibir apoyo. Era obvio que sus problemas con las relaciones eran el resultado de la desatención emocional que había experimentado de pequeño.

La desatención emocional tiene lugar cuando no recibes suficiente apoyo emocional de un padre o cuidador. Tal vez estos no comprendan las necesidades de un niño o infravaloren el bienestar emocional del pequeño. A las personas a las que han desatendido emocionalmente a menudo las confunden sus propios sentimientos. Sin embargo, hay una diferencia entre *maltrato* emocional y *desatención* emocional. La desatención emocional no es intencionada, mientras que el maltrato emocional es más deliberado.

Las personas que se han sentido desatendidas emocionalmente tienden a tener problemas para desarrollar vínculos saludables con los demás y se embarcan en vínculos ansiosos o evitativos.

Centramos la recuperación inicial de Justin en aprender a ponerse límites emocionales con sus hermanos y sus padres. Al principio, se sentía incómodo al decirle a uno de sus hermanos: «¿Se lo has preguntado a mamá?», en lugar de ponerse a resolver el problema él mismo. También le parecía que sería cruel decirle a su madre que ya no iba a adoptar el papel de confidente emocional.

Pero con el tiempo, Justin reparó en que su familia empezaba a verlo de otra manera. Comenzó a hablar más sobre sí mismo con ellos y con las mujeres con las que salía. Empezó a confiar en que la gente quería saber más sobre él y sobre lo que sentía. Al final, consiguió salir con alguien durante más de unos cuantos meses. Volvió a ser el hijo de sus padres, en lugar de hacer de padre con ellos. Al principio no le resultó cómodo, pero poco a poco fue capaz de comunicar y defender sus límites.

¿QUÉ NOS IMPIDE ESTABLECER LÍMITES SALUDABLES?

Decir a los demás lo abrumado que te sientes en tu relación con ellos es responsabilidad tuya. Justin sabía que quería dar un paso atrás en su papel de cuidador con sus familiares. Estaba cansado de ser el pilar emocional de sus padres, y sabía que tenía problemas para salir con mujeres. Pero no se daba cuenta de que la solución a sus problemas podía ser establecer límites en sus relaciones.

«Son ellos, no soy yo»

Para que mejoren nuestras relaciones, asumimos que el que debe cambiar es el otro. No somos conscientes de los aspectos que están bajo nuestro control, como por ejemplo poner límites. Y cuando los establecemos, nuestras relaciones cambian porque hemos cambiado lo que estamos dispuestos a tolerar.

«Ya lo hemos intentado y no funcionó»

Cuando nos ponemos un límite y no cambia nada de inmediato, a menudo suponemos que es una causa perdida. Pero hay muchísimas razones que explican por qué los demás no acatan enseguida nuestra petición, así que la manera de comunicarlo es vital. Lo que hacemos nada más verbalizar lo que queremos también es vital (a lo largo de este libro aprenderás las mejores maneras de establecer y sostener tus propios límites).

Malinterpretar qué son los límites

Los límites son mucho más que decir que no.

Una malinterpretación habitual de lo que son los límites es pensar que significan decir siempre que no. Y podemos ponernos límites de muchas maneras; decir que no es solo una de ellas. Justin estableció los suyos redirigiendo a sus hermanos para que hablaran con sus padres sobre ciertas cuestiones en concreto. También se puso límites a sí mismo para ser emocionalmente más transparente en sus interacciones con los demás. Justin, en realidad, no les decía que no a sus padres cuando estos intentaban utilizarlo como pilar emocional. Sin embargo, se abrió a decir que no se sentía cómodo hablando sobre según qué temas. Los límites son mucho más que decir que no.

No somos conscientes de que necesitamos establecer límites
En el capítulo 1, hemos visto señales de que tal vez necesitamos poner límites. El síntoma más significativo es la incomodidad, que se manifiesta a través de la ira, el resentimiento, la frustración y el síndrome de estar quemado. Cuando experimentamos alguno de estos sentimientos, lo más probable es que necesitemos poner un límite.

Toleramos los límites nada saludables porque no entendemos nuestras emociones y no conseguimos percibir nuestra incomodidad. Vemos que algo está mal, pero no somos conscientes de qué es lo que provoca la incomodidad.

La película *¿A quién ama Gilbert Grape?* es un fantástico ejemplo de lo anterior. Gilbert (interpretado por Johnny Depp) es un adolescente que hace de padre de sus hermanos pequeños, uno de los cuales es autista (interpretado por Leonardo DiCaprio). Gilbert también cuida de su madre, obesa y confinada en casa. La mujer empezó a ganar peso cuando su marido se suicidó.

A Gilbert le cuesta horrores mantener una vida social fuera de su familia porque sus límites no son saludables. Sus dos hermanas logran labrarse un camino propio: una es la encargada de una pastelería y la otra estudia en la universidad. Pero cuando Gilbert se enamora de una chica que está de visita en el pueblo, entre ellos no pasa nada, porque no crea ningún límite con su familia. Aunque sabe que hay algo raro, no es consciente de que unos límites más saludables lo ayudarían a iniciar una vida más allá de la que conoce.

Nos obsesionamos con el peor escenario posible
A pesar de que el peor escenario posible es a menudo el que tiene menos posibilidades de ocurrir, el miedo que sentimos suele alejarnos de la necesidad de establecer límites.

Estos son algunos de los típicos pensamientos al imaginar el peor escenario posible:

- «¿Y si se enfada conmigo?».
- «¿Y si no quiere tener nada que ver conmigo?»
- «¿Y si pierdo a un amigo (o a un familiar)?»
- «¿Y si me explico del modo menos adecuado?»
- «¿Ponerme límites es una cuestión baladí?»
- «¿Y si me acusa de egoísta?»
- «No creo que nadie vaya a hacerme caso.»

El peor escenario posible se basa en el miedo y en la hipótesis errónea de que es el más probable. No podemos predecir el futuro. No podemos predecir cómo va a responder la gente a nuestros límites. Lo único que sí somos capaces de controlar es nuestro propio comportamiento. Nuestro mayor miedo es perder a alguien, por lo cual toleramos los problemas con los límites para así mantener nuestras relaciones.

Creemos que no vamos a soportar la incomodidad de poner límites
Marcar límites es incómodo, y basta esa incomodidad para que la mayoría de nosotros se aleje de la necesidad de establecerlos. Y nos callamos. No toleramos la incomodidad de entablar una conversación que asumimos que será difícil (de nuevo aparece el peor escenario posible). Una de las cosas que enseño es cómo gestionar la incomodidad de establecer límites. Quizá no nos sintamos cómodos al tener una conversación difícil, pero podemos con ello. En lo que a límites se refiere, una incomodidad a corto plazo no es motivo para seguir tolerando la incomodidad a largo plazo derivada de los problemas que con toda seguridad terminarán surgiendo en esa relación. Las relaciones que no son saludables son frustrantes y perjudican nuestro bienestar a largo plazo. Con el tiempo y con una práctica constante, poner límites se vuelve más fácil.

Todo empieza en la familia

Nacemos con el deseo de que se satisfagan nuestras necesidades. Por eso llorábamos, pataleábamos y nos portábamos mal cuando queríamos algo. Aprendimos a saber si íbamos a lograr lo que necesitábamos a través de las reacciones de nuestros padres y demás cuidadores. Los padres o cuidadores nos guían hacia unas relaciones saludables o no saludables.

Desde que nacemos, la familia es nuestro principal profesor. Primero, aprendemos de nuestra madre o nuestro padre; después, de otros miembros del entorno familiar, hermanos y otros familiares incluidos. En muchos casos, cuando pensamos en los límites de nuestra familia, pensamos en las normas establecidas por nuestros padres. Los límites, sin embargo, no son necesariamente normas. Los límites que los padres tienen con los hijos son expectativas, preferencias y, a veces, normas. Los padres y los cuidadores suelen sentirse cómodos comunicando sus expectativas a los niños. En cambio, los niños a menudo creen que no tienen derecho a establecer los límites por sí mismos.

Respetar los límites de los niños

Cuando mi hija mayor tenía unos cuatro meses, empezó a mostrar desdén hacia la persona que cuidaba de ella en la guardería del gimnasio municipal. En general, a mi hija le encantaba que la acunaran, pero aquella chica en particular no le caía bien. Siempre que la dejábamos en la zona de bebés, se echaba a llorar, tanto que venían a buscarme a la clase dirigida para que me ocupara de ella. Tardé varios días en darme cuenta de que mi hija solo lloraba con una persona en concreto. A partir de ese momento, siempre llamé al gimnasio antes de ir para saber quién se ocupaba de los bebés. Si era la chica con la que, por lo visto, mi hija se sentía incómoda, me esperaba a que terminara su turno antes de ir al gimnasio. Mi hija de cuatro meses expresaba con claridad quién le caía bien y quién le caía mal; respeté sus preferencias y no la obligué a quedarse con la persona con la que se sentía tan incómoda.

Los niños tienen límites, a no ser que se les enseñe o se les diga que no es lo correcto. Para los niños, decidir qué comer es un intento de establecer límites. Quizá no sepan qué es lo mejor para ellos en lo que a nutrición se refiere, pero saben qué les gusta y qué no. Su preferencia con la comida se basa en la textura, el olor, el color y el sabor.

Cuando un niño se pone un límite —por ejemplo, no querer comer un alimento en particular—, ¿cómo responden sus padres?

1. Ofreciéndole otras opciones (posiblemente junto con el alimento que el niño no quiere).
2. Insistiéndole para que se coma lo que dice que no le gusta.
3. Castigándolo y dejándolo sin comer.

Esto es más o menos lo que el niño recibe sobre su capacidad para poner límites:

- Opción 1: «Te he entendido. Como quiero que comas algo, voy a respetar tu petición y voy a presentarte otras opciones».
- Opción 2: «Tus límites no me parecen importantes; yo sé qué es lo que te conviene».
- Opción 3: «Te voy a castigar por tener preferencias. Haz lo que te digo».

Cuando un niño marca un límite (por ejemplo: «No quiero dar un abrazo a tu amigo»), ¿cómo responden sus padres?

1. Dejándole que escoja por sí mismo con quién se siente cómodo para mostrar afecto.

2. Forzándolo para que le dé un abrazo al amigo.
3. Avergonzándose o amenazando al niño: «No está bien que le digas que no a alguien que te pide un abrazo» o «Si no le das un abrazo, te daré un azote».

Esto es más o menos lo que el niño recibe sobre su capacidad para establecer límites:

- Opción 1: «Te he entendido. Si te sientes incómodo al mostrar algún tipo de afecto, voy a respetar tus preferencias».
- Opción 2: «Tus límites no me parecen importantes; yo sé qué es lo que te conviene».
- Opción 3: «Te voy a castigar por tener preferencias. No hagas que tus padres pasen vergüenza. Los sentimientos de los demás son más importantes que los tuyos».

Para criar a unos hijos de manera saludable, es esencial permitirles que se pongan límites saludables. Y esto significa permitirles mostrar sus preferencias acerca de qué quieren comer, qué se quieren poner, quién les cae bien, cómo se sienten y a quién aceptan en su espacio físico.

Ser su modelo

> A los niños nunca se les ha dado demasiado bien hacer caso a los mayores, pero siempre han sabido imitarlos.
>
> JAMES BALDWIN

Los padres enseñan a sus hijos siendo su modelo. Los padres que no tienen límites saludables enseñan a sus hijos, sin querer, a no tener límites saludables. He trabajado con mujeres a las que les cuesta cuidar de sí mismas. Cuando les pregunto: «¿Viste que tu madre cuidara de sí misma?», la respuesta es siempre que no.

Esas mujeres no solo no saben cómo cuidar de sí mismas, sino que además se sienten muy culpables cuando dedican un tiempo a cuidarse. Les han enseñado que dedicarse tiempo a sí mismas es egoísta y que las convierte en malas personas. Han visto cómo sus madres personificaban la imagen de mujer altruista, así que cuando intentan responder a un modelo de mujer, repiten lo que han visto. Pero nuestras madres también estaban quemadas. Lo que pasa es que las de su generación a menudo creían que estaban obligadas a hacerlo todo por los demás sin quejarse.

Hoy en día, ser conscientes de la necesidad de cuidar de uno mismo está en auge y empieza a volverse aceptable. Aunque no siempre ha sido así. Hace tan solo unas décadas, apenas si había libros sobre cómo cuidar de uno mismo. En una librería Barnes & Noble, en el año 2018, había muchos más libros sobre autocuidados que sobre dietas y ejercicio.[1]

En los últimos años, la gente ha empezado a aprender que los problemas de peso muchas veces son un síntoma de los problemas de salud mental y emocional a los que se enfrenta. Lo que muchas personas no entienden, sin embargo, es que a menudo cuidar poco o mal de uno mismo es la manifestación de un problema con los límites. Cuando hacemos ejercicio regularmente, nos ponemos unas expectativas y definimos qué comportamientos y qué hábitos aceptamos o no aceptamos. No vamos a tener tiempo de ir al gimnasio ni de comer bien si no ponemos unos límites saludables para nosotros mismos.

Cuando no está bien decir que no

Los niños aprenden de los padres si está bien decir que no. Es un aprendizaje directo o indirecto. En primer lugar, los niños ven cómo reaccionan sus padres cuando un hermano, otro miembro de la familia o un adulto cualquiera les dice que no. La respuesta de los padres ante la negativa informa al niño de si está bien decir que no. Si los niños reciben el mensaje de que «no se puede decir que no», en el futuro tendrán problemas para hacerlo.

Este mensaje no tiene por qué ser verbalizado de manera explícita, es decir, «no puedes decirme que no». La reacción del padre, como por ejemplo ignorar a su hijo, quitándole importancia a las preocupaciones del pequeño o ridiculizándolo por tener una necesidad, ya basta para comunicar que no está bien decir que no.

Aprender de los demás

Aunque la familia es el primer entorno en el que aprendemos, también lo hacemos del resto de las personas de nuestra vida. Eso incluye a profesores, a amigos, a famosos de la televisión o del cine y a otros adultos.

PROBLEMAS DURANTE LA INFANCIA QUE INFLUYEN EN LOS LÍMITES, COMO LOS TRAUMAS, LOS MALTRATOS O LA DESATENCIÓN

Traumas

Un trauma es cualquier acontecimiento o experiencia vital que te hace sentir una gran angustia. Estos sucesos no tienen por qué ser vivencias en primera persona. Podemos traumatizarnos al observar la experiencia de otro. Por ejemplo, si en casa somos testigos de violencia doméstica, eso nos afecta, aunque a nosotros nadie nos haya maltratado física ni verbalmente.

Los traumas que experimentamos a veces los provocan estos hechos:

- La muerte de un ser querido.
- Un grave accidente.
- Los maltratos o las desatenciones.
- El acoso.
- El abandono.
- Un divorcio.
- El encarcelamiento de uno de los padres.

La experiencia de un trauma moldea nuestro cuerpo y nuestra mente para adoptar el «modo supervivencia». Es un ejemplo en el que los límites no saludables se convierten en una herramienta para sobrevivir. Si creemos que nuestra supervivencia depende de nuestras relaciones, será dificilísimo establecer límites en dichas relaciones. Si creemos que no hay opciones ni manera de salir de una situación en particular, ponernos límites seguramente no nos parezca una medida razonable.

Maltrato

El maltrato físico y el emocional son transgresiones de los límites. Cuando una persona no es consciente de que ese modo de ser tratado está mal, tal vez crea que el maltrato es una parte previsible de una relación. A las víctimas de maltratos físicos o emocionales les cuesta mucho ponerse límites con quienes las maltratan.

Cuando las víctimas empiezan a creer que son responsables del maltrato que reciben, o cuando comienzan a empatizar con el maltratador, se establece un vínculo traumático. Los vínculos traumáticos acotan nuestra capacidad de establecer límites, porque pensamos que somos la causa de las acciones del maltratador. Las personas que crecen en hogares en los que hay maltratos tienen más posibilidades de desarrollar vínculos traumáticos a lo largo de su vida. Asimismo, cuanto más dura la relación en la que se maltrata, más complicado resulta salir de ella.

Los vínculos traumáticos se dan en familias cuyos hijos creen que son los responsables de lo que se les dice y se les hace.

- Ejemplo de maltrato verbal: «Si le hubiera hecho caso, mi madre no me habría gritado ni insultado».
- Ejemplo de maltrato físico: «Mi padre ha bebido. No tendría que haberle pedido nada. Cuando bebe, me pega. En esos momentos, más vale que me aleje de él».

En una relación adulta, la situación quizá sea distinta, pero los vínculos traumáticos también pueden formar parte de la relación.

- Ejemplo de maltrato verbal: «A mi novio no le gusta que le pregunte nada; por eso me grita cuando le hago una pregunta. Tengo que darme cuenta de las cosas sin tocarle las narices».
- Ejemplo de maltrato físico: «Cuando mi mujer está molesta, me tira cosas. Así es como gestiona la rabia que siente».

Cuando te manipulan para que pienses que los maltratos son culpa tuya, se transgrede un límite. Independientemente del motivo que haya detrás, nunca es aceptable que alguien te maltrate. Aunque la persona sea tu padre, tu pareja o alguien en quien confías, la manipulación es un factor esencial. A las personas a las que han maltratado les parece especialmente complicado creer que los demás estarán dispuestos a cumplir con sus expectativas.

Desatención física

Es el tipo de desatención que implica la ausencia o la falta de atención para con las necesidades físicas. Es probable que los niños a los que se desatiende físicamente no estén bien alimentados o tengan un aspecto desaliñado. Aunque pensemos que la desatención se debe a una falta de recursos económicos, no siempre es así. La desatención puede ocurrir incluso en hogares en los que no falta el dinero.

Desatención emocional

Alude a la falta de suficiente atención emocional. Cuando un ser querido desatiende emocionalmente a la persona que lo quiere, quizá no tenga mala intención, por lo cual la víctima de esa desatención tiende a empatizar con él. Aunque parezca irónico, a veces demasiada cercanía puede ser la causa de una desatención emocional.

Las ataduras emocionales nos impiden desarrollar un sentido de individualidad. Nos llevan a creer que somos los responsables de los sentimientos de los demás, así que los protegemos de lo que percibimos como unas consecuencias indeseables y los encubrimos. Pero suplir las necesidades emocionales de un padre no es responsabilidad del niño.

Aquí tienes un recordatorio para los adultos que hayan experimentado desatención emocional durante la infancia.

No era responsabilidad tuya...

- Ser el hombre de la casa.
- Ser el confidente de tu padre.
- Cuidar de tus hermanos.
- Aprender cosas sin asesoramiento paterno.
- Mantener la paz en un hogar caótico.
- Darte cuenta de las cosas sin ningún apoyo emocional.
- Ocuparte de las facturas cuando eras pequeño.

Los límites de los niños se transgreden cuando estos adoptan el papel de un adulto, por más que dicho papel sea la consecuencia de una necesidad. En el caso de Justin, alguien tenía que estar allí para ayudar a sus hermanos pequeños. Pero quien debería haber aceptado esa responsabilidad era otro adulto, como su padre o un abuelo. Fíjate en el daño causado en la relación de Justin con sus padres y hermanos. No tuvo una relación fraternal normal, ya que se encargó de gestionar las necesidades de sus hermanos. Con sus padres, hacía las veces de confidente y nunca vio que ellos atendieran sus propias necesidades emocionales.

Cuando alguien nos desatiende, nos cuesta mucho creer que esa persona querrá o podrá aceptar nuestras peticiones. En el capítulo 8 nos adentraremos en cómo los traumas influyen en nuestra capacidad para establecer límites y ponerlos en práctica.

**Nueve motivos potenciales que explican
por qué no puedes poner los límites necesarios**

- Te da miedo ser cruel.
- Te da miedo ser borde.
- Te gusta complacer a la gente.
- Te entra ansiedad al pensar en las interacciones futuras una vez puesto un límite.
- Te sientes impotente (y no sabes si los límites te ayudarán).
- Crees que tu valor depende de la ayuda que das a los demás.
- Proyectas lo que sientes cuando alguien te dice que no a ti.
- No tienes idea de por dónde empezar.
- Crees que no vas a poder poner límites en ciertas relaciones.

Te da miedo ser cruel

Tu mayor miedo es ser cruel. Pero, en realidad, ¿qué significa *ser cruel*? Cuando dices: «No quiero ser cruel», estás asumiendo que lo que le dices a otra persona se entenderá de esa manera. Pero ¿cómo sabes qué consideran *cruel* los demás? La verdad es que no lo sabes. El miedo a ser cruel se basa en la asunción de que sabes cómo va a asimilar tus palabras la otra persona. Pero las asunciones no son hechos, sino hipótesis. Prueba a pensar que los demás entenderán perfectamente lo que les digas.

Te da miedo ser borde

Es importante cómo verbalizas tus límites. En la segunda parte de este libro, analizaremos con más detalle cómo expresar exactamente tus límites. Tendemos a asumir que solo podemos decir lo que esperamos gritando o maldiciendo. Suele ocurrir cuando llegamos a un punto crucial y hemos esperado demasiado para poner el límite. Pero si eres proactivo, no vas a tener que llegar a ese punto crucial. Y entonces serás capaz de comunicar tus límites con respeto. Si has llegado a ese punto crucial, sin embargo, practica qué dirás, y eso te ayudará a expresar tus expectativas con asertividad, sin gritar ni «ser borde».

Te gusta complacer a la gente
Lo más difícil de ponerse límites es aceptar que habrá gente a la que no le van a gustar o que no los entenderán ni aceptarán. Cuando dejes atrás la necesidad de complacer a los demás, establecer tus propios límites se volverá más fácil. No caerle bien a todo el mundo es una pequeña consecuencia si tienes en cuenta la recompensa general que supone mantener relaciones saludables.

Las personas a las que les gusta complacer tienden a obsesionarse con lo que deben de pensar o sentir los demás. Quieren ofrecer una imagen bondadosa, útil y acomodaticia. Para estas personas, poner un límite es especialmente difícil, porque su mayor miedo consiste en caer mal, no tanto en ser cruel ni borde. Son temores tan significativos que van a preferir sufrir en una relación sin límites que hacer frente a sus miedos.

Te entra ansiedad al pensar en las interacciones futuras una vez puesto un límite
El miedo es este: «A partir de ese momento, la relación entre nosotros será rara». Pues bien, expresar un miedo lo convierte en realidad. Si dices que la próxima vez que os veáis os vais a comportar de forma extraña, así será. ¿Y si, en cambio, siguierais con vuestra relación con total normalidad? Manifiesta tu límite y mantén una actitud normal. No vas a controlar cómo reciben los demás tu petición, pero sí que puedes elegir comportarte acto seguido de un

modo saludable. Ese nivel de normalidad ayudará a que los encuentros futuros sean saludables. Cumple con tu parte y sé el modelo de comportamiento que te gustaría ver en la relación.

Te sientes impotente (y no sabes si los límites te ayudarán)
Te ocupas de todos los problemas, menos de la falta de límites saludables. Has asumido que, aunque intentes ponerte un límite, la gente no te hará caso. Tienes en mente el peor escenario posible y te obsesionas con que establecer un límite nunca te va a ayudar. No obstante, expresar y defender tus límites sí te va a ayudar. Ser constante es vital si quieres que los demás acaten tus límites.

Crees que tu valor depende de la ayuda que das a los demás
«Me gusta ayudar.» No tiene nada de malo, pero puedes ayudar sin ser un pusilánime. Ayuda a la gente y establece límites. Los límites arrojan luz acerca de cómo quieres y puedes ayudar. Al fin y al cabo, las personas a las que les gusta ayudar, y que tan a menudo se obsesionan con cuidar de los demás y nunca cuidan de sí mismas, también necesitan límites.

Proyectas lo que sientes cuando alguien te dice que no a ti
Detestas que te digan que no, tanto que detestas decir que no a los demás. Es normal que no te guste no conseguir aquello que quieres, pero que te digan que no es saludable. Es posiblemente la señal de que la otra persona tiene límites saludables. Si aprendes a gestionar lo que sientes cuando te dicen que no, serás más empático cuando decidas establecer tus límites. Pero no asumas que los demás sentirán lo mismo que tú. Deja que la gente responda antes de asumir cómo se va a sentir. A lo mejor está abierta a tus límites.

No tienes idea de por dónde empezar
Comenzar es el principal obstáculo. «¿Qué digo? ¿Y si no le parece bien?» Son buenas preguntas. Por eso en este libro abordare-

mos qué decir, cuándo expresar tu límite y qué hacer si no es bien recibido. Cuando has tenido límites no saludables durante mucho tiempo, cuesta considerar tus opciones. Has crecido acostumbrado a no tener elección. A lo largo de esta lectura, vas a descubrir un montón de ideas sobre posibles límites que puedes implementar en distintos escenarios.

Crees que no vas a poder poner límites en ciertas relaciones
Quizá pienses: «No puedo decirle a mi madre que no me gusta...». Más bien, tendrías que pensar: «¿Cómo puedo decirle a mi madre que no me gusta...?». En cualquier relación puedes poner límites. Es cuestión de saber cómo ponerlos. A mucha gente le parece difícil comunicar sus expectativas a sus familiares, pero *difícil* no significa *imposible*. Lo más difícil quizá sea dejar atrás la creencia de que el proceso es complicado. De nuevo, asumir lo peor es casi siempre lo que nos impide intentarlo.

SENTIMIENTOS INCÓMODOS QUE TAL VEZ EXPERIMENTES AL PONERTE LÍMITES

En función de la relación que te una a la otra persona, la conexión que tengas con la situación y el tiempo que hayas estado sin poner un límite, puede que experimentes incomodidad (culpa, tristeza, traición o remordimientos).

Hay tres acciones que prolongan los sentimientos incómodos:

- Minimizar. Es el resultado de negar el impacto de lo que te ocurre o intentar reducir su significado. Por ejemplo: «Me han dado plantón, pero no importa, porque de todos modos tenía otras cosas que hacer».
- Ignorar. Actuar como si tus emociones no existieran.
- Pasar página demasiado rápido. Cuando intentas superar

una experiencia dolorosa sin sentir tus emociones, prolongas el camino de la recuperación. Si te das prisa en recuperarte, lo más probable es que termines repitiendo los mismos errores.

Culpa

La pregunta más habitual que me formulan sobre la necesidad de marcar límites es esta: «¿Cómo puedo poner uno sin sentirme culpable?». Y este es mi pensamiento inmediato: «No puedes». Ya lo sé, ya lo sé: soy psicóloga; debe de haber algo que pueda hacer para poner límites sin culpabilidad alguna. Pero no, no hay nada. A lo que sí puedo ayudarte es a lidiar con la incomodidad, a que te sientas mejor al decir que no. Enfrentarte a la incomodidad es una parte del proceso de establecer un límite. En el capítulo 6 vamos a profundizar en las maneras de gestionar la incomodidad en el momento de poner límites.

Tristeza

A veces, nos sentimos tristes porque no queremos ser crueles. Si crees que poner límites es ser cruel o borde, cuando marques uno vas a sentirte triste. Es esencial que reformules la manera en que visualizas este proceso.

Aquí tienes algunas maneras de reformularlo:

- Los límites son una manera de defenderte.
- Los límites son una manera de mantener la salud e integridad de una relación.
- Los límites son una excelente manera de decir: «Oye, me encantas. Quiero que solucionemos unas cosillas».
- Los límites son una manera de decir «me quiero».

Replantéate el lenguaje que utilizas para describir el hecho de establecer límites.

No te traiciones a ti mismo para complacer a los demás.

Ponerte límites no es una manera de traicionar a tu familia, a tus amigos, a tu pareja, a tus compañeros de trabajo, ni a nadie ni nada. No poner límites, en cambio, significa traicionarte a ti mismo. No lo hagas para complacer a los demás. Cambiar tu manera de pensar sobre los límites te ayudará a gestionar la incomodidad que lleva consigo el hecho de establecerlos.

Remordimientos

«¿Eso he dicho? ¡Ay, madre mía!, no quería decirlo así.» Es normal pensar que no has hecho lo correcto. Eso sucede cuando marcamos límites, porque pensamos que estamos haciendo algo mal. Pero es que establecer límites ni está mal ni es malo. Reformula tu manera de pensar sobre los límites, y el clic mental te ayudará a minimizar la incomodidad.

En este capítulo hemos hablado de todo lo que se interpone en tu camino para fijar cuáles son tus límites: los sentimientos, los pensamientos y las limitaciones que pones sobre ti mismo y sobre los demás. Este proceso te resultará más natural cuando cojas el ritmo de marcar límites de manera constante.

En el siguiente capítulo analizaremos los seis tipos de límites. Puedes aplicarlos en múltiples ámbitos de tu vida. Conocer los tipos de límites te ayudará a profundizar en cómo implementarlos en distintas áreas.

Los seis tipos de límites

> Es necesario, y hasta vital, que establezcas unos valores, tanto para tu vida como para la gente a la que aceptas en ella.
>
> MANDY HALE

A Alex se la conocía como «la dependiente». A los diez minutos de conocerla, te contaba toda su vida. Te invitaba a formar parte de ella y esperaba que tú hicieras lo mismo. Cuando los demás no correspondían, Alex creía que eso significaba que había algún problema. En su intento de conectar, enseguida se apegaba a la gente.

Un buen día, una amiga íntima le dijo que necesitaba espacio en su relación, y otra amiga le confirmó a Alex que compartía demasiada información y que pensaba que era dependiente. Fue entonces cuando Alex llegó hasta mí en busca de respuestas.

Además de contestar a las preguntas por escrito que siempre formulo en la primera sesión, Alex escribió otras cosas sobre sí misma. Y luego empezó a hablar a toda prisa para intentar contarme todos los detalles de su vida. Al terminar la sesión, le pregunté: «¿Por qué me has dejado notas adicionales al final de las preguntas que te he hecho?».

«Quiero que lo sepas todo de mí», me respondió.

A lo largo de las siguientes sesiones, me di cuenta de que Alex creía que la clave para conectar con alguien era saberlo absolutamente todo de esa persona. Y, sin embargo, relataba los hechos y los detalles sin profundizar en sus sentimientos y sin considerarlos. Con el tiempo supe por qué.

«Mi padre me lo contaba todo», me dijo al cabo de unas cuantas sesiones. Incluso le contó los detalles de los cuernos que le puso su madre. «No tenemos secretos» era su máxima. Pero cuando Alex intentaba compartir algo con su padre, él de inmediato le decía cómo debía pensar, en lugar de permitirle hablar.

Alex continuamente le pedía su parecer sobre las decisiones que iba a tomar, porque no confiaba en sí misma ni en escoger bien sin las opiniones de su padre. Y él tendía a ser crítico y despectivo con los sentimientos de su hija.

A las amigas de Alex les agobiaba su constante necesidad de conexión y de valoraciones sobre su vida. Poco a poco, fueron distanciándose. Alex no tenía ni idea de que estaba transgrediendo los límites de los demás. Para ella, las relaciones significaban intimidad, y para ser íntimos se debe hablar a menudo, revelárselo todo el uno al otro y conseguir su reconocimiento. Aunque esa suposición era normal en la relación que mantenía con sus padres, a largo plazo, con sus amigas, no funcionó.

Así pues, nuestro trabajó consistió en ayudar a Alex a identificar sus sentimientos, a permitirse cometer errores y a mejorar su autoestima a través de su capacidad para tomar decisiones saludables por sí misma. Debía aprender a compartir los detalles de su vida de manera apropiada y a un ritmo sensato.

En este capítulo, hablaremos de las seis áreas de los límites: físicos, sexuales, intelectuales, emocionales, materiales y temporales.

El espacio personal y el contacto marcan los límites físicos. Tu espacio físico es el perímetro que rodea tu cuerpo. Todos tenemos un nivel concreto de consciencia de nuestro cuerpo y de lo que nos resulta cómodo, y las necesidades en cuanto al espacio físico cambian de una persona a otra. También vemos de manera diferente qué contacto físico es apropiado. Estos límites varían en función del lugar, de la relación que mantenemos con la otra persona y de nuestro nivel de comodidad. Pero hay que verbalizar nuestras preferencias en lo que a espacio personal y contacto físico se refiere.

Ejemplos de transgresiones de los límites físicos

- Maltrato físico.
- Abrazos, besos o apretones de manos forzados.
- Mantener una distancia demasiado escasa.
- Cogerle la mano a una persona en público cuando esta ha dejado claro que está incómoda con las muestras de afecto delante de los demás.
- Tocar a una persona de una manera que le parezca inapropiada.
- Leer el diario de una persona o invadir su intimidad de cualquier otra forma.

Qué decir para establecer un límite físico

- «Soy más de apretones de manos; no quiero abrazos.»
- «Aléjate un poquito, por favor.»
- «No me siento cómodo con las muestras de afecto en público. Preferiría que eso lo dejáramos para cuando estemos en casa.»

- «Te he dicho que no me acaricies la espalda. Hace que me sienta incómodo.»
- «Estos textos son privados. No los leas, por favor, porque es una violación de mi intimidad.»

Aquí tienes dos maneras de hacer valer tus límites físicos
- Verbaliza ante los demás la distancia física que necesitas.
- Sé claro con la incomodidad que sientes ante ciertos tipos de contacto físico, como los abrazos.

No olvides, sin embargo, que tus límites cambian constantemente. A medida que cambian tus necesidades vitales, las expectativas que depositas en tus relaciones también son diferentes. Si experimentas incomodidad después de interactuar con alguien, tal vez sea la señal de que necesitas establecer un límite físico. Pongamos que en el pasado dejabas que un conocido te abrazara, pero de pronto estás incómodo cuando lo hace. Tienes todo el derecho del mundo a decirle que ya no quieres que te abrace.

LÍMITES SEXUALES

Nunca está bien tocar el cuerpo de una persona sin su consentimiento, y los niños son incapaces de consentir mantener relaciones sexuales. Tocar, hacer comentarios sexuales o protagonizar actos sexuales sin consentimiento expreso es una violación de los límites sexuales. Nunca es aceptable colocar a los niños en una situación sexual, ni siquiera en una conversación. Como los niños no pueden comunicar sus límites sexuales, los adultos debemos comportarnos de manera apropiada con ellos.

A diferencia de otros límites, que necesitan ser verbalizados para que se entiendan, muchos límites sexuales son tácitos, porque forman parte de las normas de la sociedad. Y estas incluyen el rechazo a la violación, las agresiones sexuales, el acoso o el abuso.

Ejemplos de transgresiones de los límites sexuales

- Acoso sexual, abusos o violaciones.
- Comentarios sobre el aspecto sexual de alguien.
- Contacto físico para insinuarse sexualmente.
- Indirectas sexuales.
- Bromas sexuales.

Qué decir para establecer un límite sexual

- «Tus comentarios sobre mi físico me hacen sentir incómodo.»
- «No tengo interés en tener relaciones sexuales contigo.»
- «Quítame la mano de la pierna.»
- «Para.»
- «Tu comentario no me hace gracia; es sexualmente inapropiado.»

Aquí tienes dos maneras de hacer valer tus límites sexuales

- Denuncia los malos comportamientos sexuales que hayas experimentado o visto.
- No busques excusas que justifiquen una mala conducta.

LÍMITES INTELECTUALES

Los límites intelectuales hacen referencia a tus pensamientos e ideas. Eres libre de tener tu propia opinión sobre cualquier cosa. Y cuando la expresas, nadie debería desestimar, menospreciar ni ridiculizar tus palabras.

No obstante, ser consciente de qué temas son apropiados y cuáles son inapropiados en una situación en particular es otra manera de respetar los límites intelectuales. Cuando Alex era pequeña, su padre le contó que su madre le ponía los cuernos. Aunque la información era cierta, no era apropiado que Alex se enterara a tan corta edad. Cuando un padre mantiene una conversación inapropiada como esta con su hijo, está transgrediendo un límite intelectual.

Ejemplos de transgresiones de los límites intelectuales

- Insultar a alguien por sus creencias u opiniones.
- Gritar cuando se está en desacuerdo.
- Ridiculizar a alguien por sus puntos de vista y pensamientos.
- Ignorar a alguien porque se está en desacuerdo.
- Humillar al padre o a la madre de un niño delante de este.
- Contarle a un niño problemas que no será capaz de gestionar emocionalmente.

Qué decir para establecer un límite intelectual
- «Puedes estar en desacuerdo sin ser cruel ni borde.»
- «No creo que mantener esta conversación con un niño sea apropiado.»
- «No te hablaré más si sigues alzando la voz.»
- «Ha sido una broma cruel, me has ofendido.»
- «Solo he dicho lo que pienso y me has menospreciado. ¿Por qué?»

Aquí tienes dos maneras de hacer valer tus límites intelectuales

- Si eres padre, evita tratar cuestiones adultas con tus hijos.
- Respeta a la gente diferente a ti.

LÍMITES EMOCIONALES

Cuando compartes tus sentimientos, es lógico que esperes que los demás te apoyen. Para algunos de nosotros, sin embargo, expresar las emociones no es fácil. Por lo tanto, cuando alguien menosprecia tus sentimientos o invalida tus emociones, está transgrediendo tus límites emocionales. Y eso hará que la próxima vez que quieras expresar lo que sientes estés incómodo.

Alex intentaba contar a su padre cómo se sentía, pero él no paraba de decirle cómo debía sentirse. Llegó el día en que dejó de compartirlo todo con él y comenzó a desconfiar de sus propias emociones. «¿Está bien que esto me ponga triste?», se preguntaba. En busca de validación, les preguntaba a sus amigas si lo que sentía ella estaba bien. Como habían transgredido sus límites emocionales, Alex dependía de las opiniones de los demás. No se fiaba de sí misma sin recibir antes comentarios de sus amigas.

Con unos límites emocionales saludables, compartes con los demás tus sentimientos e información personal poco a poco, no todo de una sola vez. Eso también quiere decir que solo te abres cuando es apropiado, y que escoges a tus confidentes con cuidado. En una encuesta de Instagram, pregunté: «¿Alguna vez le has revelado a otra persona el secreto de un amigo tuyo?». El 72 % respondió: «Sí, he revelado un secreto». Recibí muchos mensajes privados que me explicaban por qué se habían revelado esos secretos. Estas son algunas de las razones:

- «El secreto me pesaba demasiado».
- «Esa persona estaba preocupada por la seguridad de alguien.»
- «No sé guardar secretos.»
- «A mi pareja se lo cuento todo.»

Ejemplos de transgresiones de los límites emocionales

- Compartir demasiada información demasiado pronto.
- Compartir información emocional inapropiada con un niño.
- Desahogarse emocionalmente en exceso.
- Presionar a alguien para que comparta información que no está dispuesto a compartir.
- Invalidar los sentimientos de alguien.
- Decir a los demás cómo deben sentirse; por ejemplo: «Esto no debería ponerte triste».
- Minimizar el impacto de algo, por ejemplo: «No es para tanto».
- Presionar a la gente para que deje atrás cuanto antes unos sentimientos complicados.
- Chismorrear con los detalles personales de la vida de otra persona.

Qué decir para establecer un límite emocional

- «Cuando te cuento algo, espero confidencialidad por tu parte.»
- «No me siento bien compartiendo mis sentimientos. Me sentiría mejor si respondieras a lo que te digo con un asentimiento.»

- «Veo que te están pasando un montón de cosas. Creo que no estoy capacitado para ayudarte. ¿Has pensado en ir a terapia?»
- «No me siento bien hablando de este tema.»
- «No está bien que me digas cómo debería sentirme. Mis sentimientos son válidos.»
- «Me tomaré mi tiempo para procesar lo que siento. No me presiones para que pase página.»
- «Es lícito que sienta lo que siento en cualquier situación.»

Aquí tienes dos maneras de hacer valer tus límites emocionales
- Pregunta a los demás si solo quieren que los escuches o si buscan que les des tu opinión. Así sabrás si debes o no ofrecer sugerencias.
- Comparte tus emociones solo con la gente que sabes que las respetará.

LÍMITES MATERIALES

Los límites materiales tienen que ver con tus posesiones. Tus cosas son tuyas. Si decides compartirlas, es tu elección. También tienes derecho a pedir cómo quieres que los demás traten tus pertenencias. Si dejas a un amigo una herramienta en buenas condiciones, es apropiado esperar que te la devuelva en el mismo estado. Cuando alguien te devuelve algo en peores condiciones, ha transgredido tus límites materiales.

Ejemplos de transgresiones de los límites materiales
- Utilizar algo durante más tiempo del acordado.
- No devolver un objeto prestado.

- Dejar un objeto prestado a otra persona sin el permiso del propietario.
- Dañar una posesión y negarse a pagar por ella.
- Devolver una posesión en malas condiciones.

Qué decir para establecer un límite material
- «Te dejaré el dinero, pero espero que me lo devuelvas íntegro antes del viernes.»
- «Este fin de semana no puedo prestarte mi coche.»
- «Asegúrate de devolverme la herramienta en buenas condiciones.»
- «No puedo prestarte dinero.»
- «Te voy a dejar mi traje, pero si me lo manchas, vas a tener que pagar la tintorería.»

Aquí tienes dos maneras de hacer valer tus límites materiales
- No dejes nada a la gente que te ha demostrado que no va a respetar tus cosas.
- Di claramente cuáles son tus expectativas hacia tus posesiones.

LÍMITES TEMPORALES

Mi experiencia me dice que, de las seis áreas enumeradas, la temporal es la que suele plantear mayores problemas. Los límites temporales se refieren a cómo gestionas tu tiempo, cómo permites que los demás hagan uso de él, cómo lidias con los favores que te piden y cómo estructuras tu tiempo libre. Quienes tienen esos problemas ven difícil lograr un equilibrio entre trabajo y vida, cuidar de sí mismos y priorizar sus necesidades. Si no tienes tiempo para algo que quieres hacer, no tienes unos límites temporales saludables.

Ejemplos de cómo transgredimos los límites temporales y de cómo los transgreden los demás

- Llamar muchas veces seguidas para asuntos que no son urgentes.
- Esperar que alguien lo deje todo para ofrecerte ayuda.
- Llamar o mandar mensajes tarde, cuando el receptor ya está durmiendo.
- Pedir a los demás que hagan algo gratis.
- Comprometerse en exceso.
- Entablar largas conversaciones con gente emocionalmente agotadora.
- Pedir favores en momentos en que es obvio que la otra persona no está disponible.
- Pedir a alguien que se quede trabajando hasta tarde sin pagarle las horas extras.
- Aceptar hacer favores a una persona que no te corresponderá.

Qué decir para establecer un límite temporal
- «Hoy no puedo quedarme hasta tarde.»
- «Trabajo de nueve a cinco, así que durante el día no estoy disponible para hablar.»
- «Este fin de semana no voy a poder ayudarte.»
- «Puedo echarte una mano con la declaración de la renta, pero mi tarifa es de setenta y cinco euros.»
- «No podré ir a lo que has organizado el martes.»

Aquí tienes dos maneras de hacer valer tus límites temporales

- Antes de decir que sí a una petición, comprueba en tu agenda que no te estás comprometiendo en exceso. No intentes encajar otro acontecimiento o tarea, o cuando llegue el momento será un fastidio.
- Cuando estás ocupado, deja que salte el buzón de voz para las llamadas y que los mensajes o correos electrónicos se queden sin leer hasta que sea un buen momento para responderlos.

EJERCICIO

En tu diario, o en una hoja de papel aparte, completa el siguiente ejercicio.

Cuando se transgreden los límites, es vital tener una conversación sobre lo sucedido y sobre los sentimientos que eso ha despertado. Como no vas a poder controlar a los demás, debes centrarte en lo que vas a decir o en las acciones que llevarás a cabo si se repite la transgresión. A continuación, encontrarás ejemplos de los distintos tipos de límites. Léelos y piensa qué harías o dirías en cada una de estas situaciones.

Ejemplo de límite físico

Tu compañero de trabajo entra en tu despacho mientras te afanas en finalizar una tarea. Cuando no respondes, insiste y se apoya en tu mesa.

Piensa qué harías o dirías para poner un límite en este escenario.

Ejemplo de límite sexual

El marido de tu amiga presume de su destreza sexual. Acto seguido, se te empieza a insinuar a través de mensajes que te hacen sentir incómoda.

Piensa qué harías o dirías para poner un límite en este escenario.

Ejemplo de límite intelectual

Acabas de poner fin a una amistad que ha durado diez años. Compartes con tu pareja la tristeza que sientes y te responde: «Tienes más amigos. Supéralo».

Piensa qué harías o dirías para poner un límite en este escenario.

Ejemplo de límite emocional

Le confías un secreto a una amiga, y tu amiga se lo cuenta a uno de sus amigos.

Piensa qué harías o dirías para poner un límite en este escenario.

Ejemplo de límite material

Una amiga te pide que le dejes una blusa. La última vez que le prestaste un vestido, te lo devolvió con un agujero.

Piensa qué harías o dirías para poner un límite en este escenario.

Ejemplo de límite temporal

La fecha de entrega de un trabajo importante está ya supercerca. Uno de los miembros de tu equipo te pide ayuda para uno de sus proyectos.

Piensa qué harías o dirías para poner un límite en este escenario.

Cómo son las transgresiones de los límites

La gente no tiene que ver con buenos ojos, ni compartir ni entender tus límites para respetarlos.

Durante todo el primer año de relación con su novio, Jamie dice que se pasaban casi todo el día juntos, hablando de su futuro. Les encantaba escaparse por ahí, no discutían y él siempre la escuchaba.

Si tenían un mal día, sin embargo, su novio enseguida dejaba de ser cariñoso. Y por eso Jamie cada vez le deseaba más. Al cabo de unos días, su novio al final le decía lo que ella quería oír para recuperarla.

«Casi siempre es muy majo —me dijo Jamie—. Pero a veces se le va la olla y critica todo lo que hago. Cuando no le doy lo que quiere, me deja de lado y se enfada». Jamie quería que la ayudaran a entender qué debía hacer para mejorar su relación de pareja.

Se pasó cinco sesiones diciéndome cuánto necesitaba entenderlo mejor, desarrollar una piel menos fina y aprender a comunicarse de un modo que funcionara en su relación. Le enseñé algunos trucos comunicativos. «No funciona nada», me decía.

Jamie se culpaba por no entender lo que quería su novio. Estaba segura de que ella era la causa de sus disputas y de la falta de acuerdo entre ambos.

En cuanto supe que se sentía cómoda conmigo, le pregunté:

«¿Es posible que sea tu novio el que tenga algún problema de comunicación?».

Saltó rauda a defenderlo: «Se comunica muy bien. Me dice exactamente lo que quiere, yo soy la que no sabe comunicarse».

«¿Te da ejemplos de lo que quiere que hagas?»

«No, pero basándome en lo que dice tengo una idea de lo que quiere.»

Después de relatar una típica conversación entre ellos, Jamie consiguió comprender que a menudo se encontraba en una posición en la que, en teoría, nunca hacía nada bien. Por ejemplo, su novio le pedía: «Quiero que cocines más en casa». Y cuando ella se ponía a cocinar, él le decía: «No me gusta comer tan tarde. ¿Por qué no has empezado a cocinar antes?».

Jamie intentaba cocinar antes, pero entonces él se quejaba de lo que había preparado. «Es que no me escuchas», solía decirle.

Pero Jamie sí que lo escuchaba; es que estaba confundida. Los mensajes contradictorios de su novio la obligaban a dudar acerca de qué debía hacer. Había perdido de vista sus propias necesidades y expectativas, y lo consentía porque intentaba complacerlo a él continuamente.

En las siguientes sesiones nos centramos en las transgresiones que estaban teniendo lugar en su relación.

Transgresiones minúsculas y mayúsculas

Las transgresiones de los límites se agrupan en dos categorías distintas: microtransgresiones y macrotransgresiones.

Las transgresiones minúsculas o microtransgresiones son pequeñas faltas o atropellos que suceden a menudo en nuestros encuentros diarios, y no a lo largo de una relación larga. Las microtransgresiones de los límites no suelen afectarnos emocionalmente. La transgresión no nos amarga el resto del día, porque no nos parece que el encontronazo haya sido tan relevante. Sin embargo, se vuelven más importantes con el tiempo si se repiten y persisten.

Ejemplos de microtransgresiones de los límites

1. Cuando estás a punto de pagar en el supermercado, ves que la cajera está de morros. Te contesta con monosílabos y te guarda la compra en las bolsas con cierta agresividad.
2. Estás en una fiesta, se te acerca un desconocido y empieza a hablarte. Pasa media hora, durante la cual has aprendido tanto de esa persona que podrías escribir su biografía. Pero en la conversación no has tomado la palabra ni una sola vez.
3. Le dices a tu compañero de trabajo que no vas a poder ir a su fiesta de cumpleaños. Te responde lo importante que es para él que acudas y que todo el mundo estará allí. A lo mejor sí quiere que vayas, pero te está haciendo chantaje emocional: intenta manipularte para que asistas a la fiesta.

Las transgresiones mayúsculas o macrotransgresiones son transgresiones grandes que erosionan el tejido de nuestra relación con los demás. Duran mucho tiempo y se repiten. La frecuencia de las transgresiones incluso puede cambiar la estructura de la relación.

Ejemplos de macrotransgresiones de los límites

1. Eres incapaz de tomar una decisión sin hablar con tu hermana, que te ha ayudado con todo lo que te ha ocurrido en la vida.

2. Ahora eres tú el que debe gestionar el problema que tiene tu amigo con la bebida, y te sientes obligado a ayudarlo cada vez que recae. Cuando salís, evitas beber porque sabes que deberás cuidar a tu amigo.

3. Estás convencido de que lo que no funciona bien en tu relación es culpa tuya. Tu pareja tiene muchos problemas, y tú debes esforzarte más para no desencadenarlos.

4. Ahora que has visto varios ejemplos, hablemos sobre microagresiones y macroagresiones habituales.

MICROAGRESIONES

Las microagresiones son sutiles y pueden darse en cualquier relación. Abarcan los comportamientos pasivo-agresivos que pretenden expresar descontento, los mensajes ocultos o la ira hacia otra persona. Ya sean intencionadas o no intencionadas, las microagresiones comunican negatividad.

En las primeras etapas de su relación, el novio de Jamie hacía comentarios sobre cómo hablaba ella. Cuando pronunciaba mal una palabra o una expresión, él se lo decía. Ella no le dio importancia hasta que la cuestión se volvió habitual durante sus conversaciones. Más adelante, cuando la relación se asentó, su novio se refería a la mala pronunciación de ella para poner un ejemplo de su mala comunicación.

Las microagresiones son más comunes en los prejuicios contra una raza o contra el colectivo LGBTIQ+, pero no se reducen a comportamientos despectivos ni a comentarios basados tan solo en la raza, el género o la preferencia sexual. A continuación tienes otros ejemplos.

Ejemplos de microagresiones

Racismo (juzgar a una persona negativamente o de un modo despectivo en función de su raza)

Una mujer blanca está en un ascensor y entra un hombre negro; ella agarra su bolso.

Lo que subyace: la creencia de que los negros son peligrosos. Por tanto, seguro que están tramando algo.

Crítica del cuerpo

Rebecca ha engordado diez kilos. Su madre le dice: «Envíame una foto». Y después le responde: «Qué carita tan mona y redonda».

Lo que subyace: Rebecca está engordando y su madre es gordofóbica.

Prejuicios xenófobos (asunciones basadas en el origen)

A Hassan, un hombre árabe, lo invitan a una fiesta del trabajo con sus compañeros, la mayoría occidentales. En el folio en el que se apuntan, Hassan ve que alguien ha escrito que él se encargará de preparar cuscús.

Lo que subyace: un prejuicio xenófobo.

Prejuicios de género

Tina es la directora ejecutiva de su empresa. A menudo la etiquetan de mandona, mientras que a sus compañeros masculinos los describen como unos líderes prestigiosos.

Lo que subyace: la creencia de que una mujer en una posición de poder tiene ciertos problemas de actitud.

Prejuicios contra el colectivo LGBTIQ+

Kevin va con su novio a la cena de Navidad de la empresa y un compañero le dice: «No sabía que eras gay. No se te nota».

Lo que subyace: la creencia de que los hombres gais son femeninos.

La persona que protagoniza microagresiones las considera inofensivas. No obstante, las microagresiones son expresiones hirientes que traslucen una creencia mucho más interiorizada. Y aunque parezcan pequeñas, tienen muchísimo impacto.

Cómo gestionar una microagresión

1. Sé asertivo y aborda directamente lo que has percibido como una microagresión: «He oído que has dicho: "No parecía gay". ¿Eso qué significa?».
2. Sugiere un comportamiento más apropiado. Por ejemplo, cuando los demás la tildan de mandona, Tina podría puntualizar que simplemente es asertiva y está dispuesta a liderar un equipo.

COMPARTIR DEMASIADA INFORMACIÓN

Cuando compartimos demasiada información, hacemos un esfuerzo para conectar con otra persona. Pero «contar demasiado» implica decir a la gente cosas que no son apropiadas según el contexto, revelar detalles privados de otros o compartir información personal en una relación que no ha alcanzado ese nivel de intimidad.

Quien da demasiada información a menudo no tiene ni idea de que ha ido demasiado lejos. En mi vida social, la gente suele contarme demasiadas cosas. A veces, es porque me ve interesada y le permito hablar sin interrumpir. Pero creo que es más bien porque soy psicóloga y desprendo una energía en plan: «Me gusta escuchar problemas». Y sí que me gusta escuchar a la gente, pero en según qué contextos sociales puede ser incómodo.

Ejemplos de compartir demasiada información

No tener en cuenta el contexto

Te han encargado formar a una nueva empleada. En lugar de aprender sobre el trabajo, tu nueva compañera te habla de los problemas que tiene con su ex.

Lo que subyace: esa información personal es inapropiada en el contexto de tu papel de formador.

Dar información de otra persona

La compañera de universidad de tu amiga ha venido de visita y las tres salís por ahí. Cuando tu amiga va al servicio, su compañera te cuenta que tu amiga tuvo en el pasado un aborto.

Lo que subyace: la compañera de tu amiga está compartiendo información demasiado íntima de otra persona.

Compartir información excesivamente detallada

Mientras guarda la compra en bolsas, Megan le pregunta a la cajera: «¿Qué tal el día?». La cajera empieza a contarle la discusión que ha tenido con su novio sobre la vida sexual que mantenía él con su exnovia. Megan se queda ahí, escuchando la historia, entre nerviosa e incómoda.

Lo que subyace: la revelación de la cajera es sumamente personal e inapropiada en esta interacción.

La persona que comparte demasiada información a menudo no tiene ni idea de la manera en que su conducta afecta a los demás y de que está transgrediendo límites. Con tal de conectar y construir una relación de cercanía, revela demasiada información de sí misma. Incluso suele ignorar las pistas no verbales de los demás, que indican claramente que la conversación está yendo demasiado lejos.

Cómo gestionar una situación en la que se comparte demasiada información

1. Con suavidad, reconduce a la persona hacia un tema más apropiado.
2. Sé asertivo: «Ostras, me parece que esta conversación tan vital deberíamos tenerla en otro momento».
3. Di, por ejemplo: «Creo que no voy a poder ayudarte en esta situación. ¿Te importa que cambie de tema?».

CHANTAJE EMOCIONAL

Siempre que Jamie intentaba hablar con su novio sobre su comunicación, él le decía que ella tenía problemas para expresar sus necesidades. Le insistía en que los problemas que había experimentado en sus anteriores relaciones se debían a su paupérrima comunicación. Jamie acabó convencida de que era ella la que tenía problemas, por lo que no veía necesario comentárselo a su novio.

Cuando alguien intenta conseguir que te sientas mal, te está haciendo chantaje emocional. Es una estrategia manipuladora que utilizan algunas personas para convencerte de que hagas lo que quieren. Esperan que, al sentirte mal, obedezcas o aceptes algo, aunque quizá no hayas cometido aquello de lo que te acusan.

Ejemplos de chantaje emocional

Poner fin a relaciones tóxicas
El padre de Rob era violento y él pensó que debía poner fin a esa

relación. Se sentía escudriñado hasta en el seno de su familia. Tanto los miembros de su familia como sus amigos veían con malos ojos su deseo de terminar una relación no saludable. «Es tu padre —le decía su hermana—. Tienes que hablar con él.»

Lo que subyace: la hermana de Rob restaba importancia a la necesidad de poner límites cuando una relación no es saludable.

Perder el interés en relacionarte con cierta gente
Amy sabía que su jefa era mala persona. Cuando la invitó a ir a tomar algo después del trabajo, Amy declinó la oferta. «Por lo menos podrías haber ido y tomado una copa», le dijeron sus compañeros de trabajo.

Lo que subyace: los compañeros de Amy no sentían la suficiente seguridad para decir que no.

Tener claro qué es lo que te gusta
Decides llevar tu propia comida a una cena familiar porque sabes que tus preferencias gastronómicas son distintas de las del resto. «¿Por qué necesitas una dieta especial? —te pregunta tu primo—. ¿La comida que servimos no es lo bastante buena para ti?»

Lo que subyace: tu primo pone en tela de juicio tus preferencias y te insinúa que cambies.

No complacer a los demás
Carla se reúne para comer con unos amigos del instituto y les comenta: «No quiero casarme ni tener hijos». Su amiga Pat le responde: «Todo el mundo debería tener hijos. ¿Por qué no ibas a querer casarte? Si eres muy maja».

Lo que subyace: Pat intentaba imponer sus valores a Carla.

Decir que no sin dar una explicación
Un amigo te pregunta: «Oye, ¿puedes ayudarme con la mudanza?». Tú respondes que no. Tu amigo insiste: «¿Por qué no? Necesito tu

ayuda». Hay veces en que no está de más explicarse. Ten en cuenta cómo respondió esa persona a tus explicaciones en el pasado. Si aceptó la explicación y pasó página, adelante, dale un breve motivo. Si la explicación creó una discusión, no te extiendas con tu respuesta.

Lo que subyace: la gente quiere que tengas una razón que ellos consideren válida.

Quienes echan mano de un chantaje emocional intentan ver cumplidas sus necesidades, pero es que sus necesidades tal vez transgredan tus propios valores y límites.

Cómo gestionar un chantaje emocional

1. Llama a las cosas por su nombre: «¿Intentas que me sienta mal por las decisiones que he tomado?».

2. Haz que la conversación gire en torno a ti, y no en torno a los demás: «No es nada personal. Es que tengo mis propias preferencias».

3. Deja claro que ya has tomado una decisión: «Por tu respuesta me da la sensación de que pretendes que cambie de opinión».

MACROAGRESIONES

Las transgresiones de los límites que erosionan el tejido de una relación entran en la categoría *macro*. Mientras que las microtransgresiones ocurren de forma rutinaria como parte de la dinámica de una relación, las macroagresiones, como las ataduras emocionales, la codependencia, los traumas, los vínculos traumáticos y la contradependencia, pueden hacer daño a largo plazo.

Ataduras emocionales

En una relación con ataduras emocionales, la individualización no es aceptable. Los límites, tampoco. Estas relaciones se desarrollan cuando una persona se parece muchísimo a la otra. Si una de las dos hace el intento de poner límites, crear nuevos papeles o cambiar la dinámica, la relación corre peligro de llegar a su fin.

Estas son ataduras emocionales

- Incapacidad de ser distinto que el otro miembro de la relación.
- Falta de identidad individual.
- Dificultad para separarte de la otra persona.
- Falta de límites.
- Confusión entre la cantidad y la calidad del tiempo que pasáis juntos.
- Compartir demasiada información.
- Absorber las emociones de la otra persona como si fueran las propias.
- Recibir el rechazo del otro si intentas crear una identidad individual.

Las relaciones con ataduras emocionales transgreden los límites de estas maneras

- Se deja poquísimo espacio personal, tanto emocional como físico.
- Los pensamientos de las dos personas deben ir a la par.
- Las decisiones vitales se basan en el acuerdo mutuo, sin independencia de pareceres.

La trabajadora social Sharon Martin define las ataduras emocionales como «relaciones familiares con límites débiles, falta de separación emocional y peticiones intrusivas que demandan un apoyo o atención que impide que los miembros de esa familia desarrollen una independencia y un fuerte sentido de identidad». Las relaciones familiares, las de pareja y las de trabajo pueden padecer ataduras emocionales.

Ejemplos de atadura emocional

Empiezas a salir con una persona y cada vez pasáis más tiempo juntos. Sus gustos se convierten en los tuyos. De repente, tus amigos y la vida que tenías antes se han empequeñecido.

Querías comprar una casa, pero después de hablar con tus padres has cambiado de opinión. Tus padres siempre saben qué es lo que te conviene.

Tu amiga tiene problemas con su pareja. Siempre te llama a ti para que se los resuelvas. Tú la ayudas encantada porque quieres que sea feliz. Hasta te invita a hablar con su pareja acerca de lo que tu amiga y tú creéis que es lo mejor para su relación.

Límites para las ataduras emocionales

- Si aceptas ayudar a alguien, pregúntale cómo piensa gestionar sus problemas en el futuro.
- Deja que haya espacio físico en la relación.
- Valora la necesidad que sientes de estar en contacto constante con la otra persona.
- Introduce a más gente en el círculo para crearte un apoyo adicional.
- Antes de compartir nada, pregúntate si el momento y el lugar son los adecuados.

- Recupera o crea tu propia identidad, separada de la de los demás.

Codependencia

En las relaciones codependientes, creemos que debemos ayudar a que la gente se libre de las consecuencias, salvándolos así de experiencias desagradables. Pensamos que protegerlos es nuestra responsabilidad. Pero en lugar de proteger, logramos que la otra persona siga manteniendo un comportamiento no saludable. Consideramos a esa persona impotente e incapaz de cuidar de sí misma sin nosotros.

El término *codependiente* existe desde hace décadas y a menudo se utiliza para describir las dinámicas familiares disfuncionales, sobre todo cuando incluyen alguna adicción. Sin embargo, la codependencia concierne a cualquier relación cuyos miembros se intrincan emocionalmente con los sentimientos y las consecuencias de otros. En una relación codependiente, es muy complicado separar lo que sientes de lo que siente y piensa el otro.

La codependencia no es malintencionada, pero nos hace sufrir porque lo más habitual es que nuestras propias necesidades se queden sin satisfacer o pasen desapercibidas. De hecho, como codependientes, nos cuesta distinguir nuestras necesidades de las necesidades de la otra persona.

Esa conducta, *a priori* protectora, es una parte importante de una relación codependiente. Implica apoyar los comportamientos nada saludables de una persona mediante la acción o la inacción. La codependencia normalmente es consecuencia de la falta de límites saludables.

Esto es codependencia

- Te extralimitas.
- Evitas hablar de los problemas reales.
- Te ocupas del desastre que otros se han provocado a sí mismos.
- Te inventas excusas para justificar la mala conducta de los demás.
- Tiendes a satisfacer las necesidades de otra persona y a ignorar las tuyas.
- Haces cosas para otros en lugar de ayudarlos a que ellos las hagan por sí mismos.
- Cuidas de personas con comportamientos tóxicos.
- Cuando a una persona le pasa algo, te da la impresión de que te pasa a ti.
- Describes los problemas del otro como si fueran tuyos.
- Te cuesta formar parte de una relación sin convertirte en el «salvador».
- Resuelves los problemas de los demás antes de pararte a pensar en los tuyos.
- Permites que la gente dependa de ti de un modo no saludable.
- Tienes relaciones unilaterales.

En las relaciones codependientes, una de las partes o ambas dependen de la otra para sobrevivir. Por lo tanto, la codependencia a menudo provoca resentimiento, estar quemado, ansiedad, depresión, soledad, agotamiento y graves problemas de salud mental. Estar con alguien que no cuida de sí mismo es muy duro, pero las relaciones codependientes son dañinas para todos los miembros que las forman. El que da más apoyo del que recibe verá que sus necesidades nunca o casi nunca se satisfacen. El que recibe más apoyo del que da no aprenderá a enfrentar sus necesidades por su cuenta. Así pues, en una relación codependiente, los dos miembros se vuelven peores al estar juntos.

Las personas codependientes sufren una falta de límites saludables, problemas de autoestima, tienen tendencia a complacer a los demás y sienten la necesidad de controlarlo todo. Ayudando a gente tóxica, se sienten totalmente satisfechos.

Cuando iba a la universidad, me encantaba ver el programa de televisión *Intervention*. En él, familiares y amigos intentan convencer a sus seres queridos adictos para que reciban ayuda profesional. Las personas que aparecen en el programa a menudo cuentan que han permitido que el adicto persistiera en su adicción dejándole dinero o un lugar en el que quedarse, por ejemplo.

En algunos casos, hay gente que incluso confiesa haber permitido que el adicto tomara drogas en su casa, porque creían que era un escenario más seguro. Más o menos hacia la mitad del programa, los amigos y los familiares hablan con un asesor de recuperación que les dice que la codependencia debe terminar si quieren salvar a sus seres queridos. El asesor fomenta los límites saludables.

Ejemplos de codependencia

Cuando sales con un amigo, evitas beber porque sabes que él se va a emborrachar. Le pagas las copas porque sabes que se enfadará si no lo haces. Cuando ha bebido demasiado, lo llevas a casa en coche y te quedas a pasar la noche con él para asegurarte de que está bien. Estás preocupado por su problema con la bebida, incluso cuando él mismo parece no estarlo. Eres consciente de las consecuencias de sus actos e intentas «rescatarlo».

Has presenciado cómo tu hermana gestiona tan mal su dinero que no puede prestar apoyo económico a sus hijos adolescentes. Como consecuencia, te has convertido en el padre suplente de tus sobrinos. Te llaman cuando necesitan algo porque saben que su madre les dirá que no. Les echas una mano porque eres consciente de que tu hermana se administra fatal, y no quieres que sus hijos sufran por culpa de las malas decisiones de ella.

Límites para la codependencia

- Establece unas expectativas claras en lo que concierne a la ayuda que vas a dar.
- Dile a la otra persona cómo te afectan a ti sus comportamientos.
- Apoya a los demás sin hacer las cosas en su lugar.
- Espera a que te pidan ayuda antes de ofrecerla.
- Respeta el compromiso que has adquirido contigo mismo sobre lo que vas a tolerar y lo que no en una relación.
- Manifiesta las conductas tóxicas que observas.
- Cuídate.
- Haz que los demás se sientan responsables de sí mismos.
- Ayúdalos mientras les enseñas a cuidar de sí mismos.

Vínculos traumáticos

Los vínculos traumáticos son el resultado de las transgresiones de los límites emocionales e intelectuales. Con el tiempo, a una persona se la manipula para que crea que, en cierto modo, se merece todo lo que le ocurre. Al final, piensa que el trato que recibe es accidental, en absoluto intencionado.

Los vínculos traumáticos pueden darse en una amistad, en una relación de pareja o en la familia.

Esto es un vínculo traumático

- Te lleva a creer que todo es culpa tuya (te hace luz de gas).
- Rompe contigo y después volvéis a una relación que no es saludable.
- Te inventas excusas para justificar el mal comportamiento del otro hacia ti.
- Piensas que no vas a poder salir de una relación tóxica.
- Se alternan los ciclos de aspereza y de amabilidad.
- No les cuentas a los demás cómo te trata la otra persona porque temes que vayan a interpretarlo como maltrato.
- No confrontas a la persona que te trata mal.

Ejemplos de vínculos traumáticos

Jamie se culpaba a sí misma por los problemas que había en su relación. Sabía que su novio tenía los suyos propios, pero cuando a él le pasaba algo, ella se sentía responsable. Le daba miedo contarles a sus amigas los problemas de su relación por si la juzgaban a ella y también a su novio.

Tu padre te agrede verbalmente. Dice que la culpa de que se enfade es tuya, porque no le haces caso. Después de una agresión verbal, se vuelve cariñoso y te compra regalitos.

Un amigo te trata mal delante de otros amigos. Sabes que las interacciones sociales le cuestan, así que restas importancia a su comportamiento. Crees que es borde porque está incómodo.

Límites para los vínculos traumáticos

- Di claramente cómo esperas que te trate la otra persona.

- Párala de inmediato cuando te suelte una impertinencia o provoque tu incomodidad. Dile: «Lo que has dicho hace que me sienta incómodo».

- Cuéntale tus problemas solo a la gente en la que confías.

- Actúa enseguida cuando veas que se forma un patrón de comportamiento.

Contradependencia

Una contradependencia tiene lugar cuando desarrollas límites rígidos para poner cierta distancia emocional con los demás. La contradependencia merma el cariño que sientes hacia los otros, puesto que estás intentando evitar una conexión, incluso cuando una relación es saludable.

Esto es contradependencia

- Te cuesta ser vulnerable.

- Eres incapaz de pedir ayuda.

- Te incomoda aceptar la ayuda de los demás.

- No te interesa la vida de los demás.

- Prefieres hacerlo todo tú.

- Te da miedo intimar con la gente.

- Pones distancia emocional.

- Enseguida te agobias cuando ves que los demás son vulnerables.

- Echas a la gente de tu lado cuando la relación se vuelve demasiado cercana.
- Te sientes solo constantemente.

Ejemplos de contradependencia

Conoces a alguien agradable y salís juntos varias veces. Todo parece ir bien, pero cuando te dice cuánto le gustas, empiezas a ignorarle.

Tu amiga te envía una tarjeta por tu cumpleaños, una tarjeta preciosa y llena de amor. No le dices a tu amiga cómo te ha hecho sentir su tarjeta.

Límites para la contradependencia

- Intenta compartir detalles de tu vida con los demás.
- Explica a la gente cómo te hace sentir.
- Pide ayuda.
- Acepta ayuda si alguien te la ofrece.

En este capítulo hemos analizado las transgresiones de los límites en los niveles micro y macro. Los límites pueden transgredirse en cualquier tipo de relación: con compañeros del trabajo, con amigos, con familiares, con la pareja y con desconocidos. Algunas transgresiones son más pequeñas que otras. Que un desconocido no respete tu espacio físico una vez quizá no sea importante. Pero que tu compañero de trabajo transgreda tu necesidad de espacio físico repetidamente es un problema mayor.

Es crucial no sentirse responsable por la manera en que te tratan los demás ni inventar excusas que justifiquen su comportamiento. La manera en la que te tratan habla de cómo son ellos, no de cómo eres tú.

EJERCICIO

En tu diario, o en una hoja de papel aparte, completa el siguiente ejercicio.

- ¿Cómo crees que cambiará tu vida en cuanto hayas marcado límites saludables?
- ¿En qué relaciones has establecido límites saludables?
- ¿Qué acciones concretas puedes llevar a cabo para mejorar tus límites?

Identificar y comunicar tus límites

> No tienes que ser una persona sin límites
> para que te quieran.

Que Eric recordara, su padre, Paul, siempre había sido alcohólico. En su familia, todo el mundo inventaba excusas que justificaran su problema con la bebida. La madre de Eric solía decir: «Ya sabes que no es su intención», aunque permitía que hubiera alcohol en casa para Paul, cuando ella casi nunca bebía. Durante las reuniones familiares, todos bebían con él, aunque su comportamiento fuera descuidado, ruidoso y bochornoso.

Pero Eric acabó harto de minimizar la adicción de su padre, así que vino a verme porque quería aprender a abordar el tema. Me contó los intentos de rehabilitación fallidos, la mayoría acortados por los desafíos profesionales de Paul. Su padre salía de rehabilitación y estaba sobrio unas cuantas semanas, pero tarde o temprano volvía a beber.

Eric se sentía culpable, porque de adolescente y de veinteañero bebió varias cervezas con su padre. A los veinticinco, sin embargo, a Eric dejó de interesarle beber con él, porque su padre siempre iba demasiado lejos.

En nuestra primera sesión, Eric describió cómo era ser el hijo de un alcohólico. Me contó que vivir en casa daba miedo porque él era impredecible. Si Paul estaba borracho, se ponía verbalmente agresivo. Por eso Eric nunca sabía qué esperar cuando su padre llegaba del trabajo. Intentaba mantenerse alejado de él, porque había visto a su hermano mayor hacerle frente a Paul y siempre terminaban en una pelea a gritos.

De niño, un día, Eric le preguntó a su padre: «¿Por qué bebes tanto?».

«El alcohol es mi amigo», fue la respuesta de Paul.

Cuando le pregunté a Eric sobre su relación actual con su padre, me dijo que sus conversaciones siempre giraban en torno a Paul. Eric intentaba asegurarse de que su padre estaba lo bastante ocupado, y también le preguntaba si había comido algo. Paul a menudo se repetía y contaba las mismas historias una y otra vez. De vez en cuando, llamaba a su hijo enfurecido y empezaba a agredirlo verbalmente. Eric nunca supo qué desencadenaba esos arrebatos de ira.

Como su madre seguía buscando excusas para su marido, la relación de Eric con ella también se deterioró. No podía confiarle nada, porque la mujer siempre se ponía de parte de Paul. Intentar ayudar a su padre le estaba pesando muchísimo.

Lo único que Eric no había probado para mejorar la relación con sus padres era ponerles límites. Creía que lo había hecho al decirle a su madre: «No me gusta que papá beba» y al ignorar de tanto en tanto las llamadas de su padre. Pero le expliqué con delicadeza que no eran más que tentativas pasivo-agresivas.

Cuando establecemos límites de una manera pasivo-agresiva, le decimos algo a la otra persona indirectamente o hablamos con alguien que no está en posición de resolver el problema. Eric era indirecto al transmitir a su padre sus expectativas. Asumía que Paul pillaría las indirectas, pero su padre no tenía ni idea. En lugar de ser directo con su padre, durante mucho tiempo Eric intentó ignorar sus propias preocupaciones y actuar como si no pasara nada. Así pues, el comportamiento de Eric era pasivo-agresivo: actuaba frustrado, sin comunicar sus deseos con claridad.

Pasiva

Cuando alguien es pasivo, sus pensamientos son similares a este: «No me siento cómodo compartiendo mis necesidades. Por lo tanto, me las guardo para mí».

Ser pasivo es negar tus necesidades, ignorarlas para así permitir que los demás estén cómodos. A la gente que se comunica pasivamente le da miedo cómo vayan a percibir sus necesidades los demás (quizá los abandonen), por lo que no hacen nada para que sus necesidades se vean satisfechas.

Otros ejemplos de pasividad son los siguientes:

- Tener un problema y no decir nada al respecto.
- Dejar que los demás digan y hagan cosas con las que no estás de acuerdo.
- Ignorar las cosas que para ti son irritantes.

Durante las sesiones, Eric expresaba la frustración que sentía al ver que su madre no hacía nada con el alcoholismo de su padre. Se dio cuenta de que ella respondía a su padre de un modo pasivo. Ignoraba las borracheras e intentaba que Eric y su hermano hicieran lo mismo. En las reuniones familiares, procuraba incluir a Paul en las conversaciones, aunque a él se le trabara la lengua y se pusiera agresivo.

Agresiva

Cuando alguien es agresivo, dice o sugiere lo siguiente: «Necesito que veas cómo me haces sentir».

La comunicación agresiva consiste en atacar a la otra persona con palabras o comportamientos duros, incisivos o exigentes, en lugar de expresar lo que se quiere. La agresividad demanda: «Quiero que veas lo mucho que me haces enfadar». Cuando la gente es agresiva, no tiene consideración con la manera en que sus conductas afectan a los demás. Intimidar con tu comportamiento, con insultos o agresiones es ofensivo.

Otros ejemplos de agresividad son los siguientes:

- Menospreciar a los demás para llevar la razón.
- Emplear insultos, gritos y maldiciones como una táctica para verbalizar tu opinión.
- Usar el pasado para avergonzar a los demás.
- Alzar la voz y alejarse de la realidad (inventarse hechos para así tener razón).
- Enfrentarse a alguien para buscar pelea.
- Echar mano de ironías y sarcasmos para ridiculizar al otro, por ejemplo: «¡Qué gordo estás! Ya sabes que estoy bromeando; no seas tan sensible, hombre».

A diferencia de Eric, su hermano era agresivo con su padre. Comentaba abiertamente que Paul era un borracho. De niño, se enfrentaba a él y le respondía chillando. De adulto, iniciaba él las peleas a gritos. Contar viejas historias era otra manera en la que el hermano de Eric menospreciaba a su padre.

Siempre que Eric intentaba hablar con su hermano acerca de su agresividad, este le contestaba: «Lo he heredado de papá». Sin embargo, con la edad, Paul cada vez era menos amedrentador. Solo de vez en cuando intentaba avergonzar a sus hijos.

Pasivo-agresiva

Cuando alguien es pasivo-agresivo, sus pensamientos son similares a este: «Me comportaré en función de lo que siento, pero negaré cómo me siento». A veces, la gente que actúa de manera pasivo-agresiva lo hace inconscientemente. No siempre entendemos las razones que hay detrás de nuestro comportamiento.

Después de tratar a clientes durante más de una década, he visto que esta es la manera número 1 en la que comunicamos nuestros sentimientos y necesidades. Cuando alguien describe su comportamiento pasivo-agresivo, le digo: «Entonces, no has comunicado tu necesidad, pero ¿sí has actuado en consecuencia?». El problema es que los demás no van a adivinar nuestras necesidades basándose solo en nuestras acciones. Quizá no sepan qué significa nuestra conducta o ni siquiera se den cuenta de que intentamos comunicar algo nuevo. Hay que verbalizar nuestros deseos.

La conducta pasivo-agresiva es una manera de resistirnos directamente a poner límites. Para evitar una confrontación, esperamos que la otra persona descubra en qué se ha equivocado y corrija su comportamiento mediante nuestras acciones indirectas. Pero es que no vamos a conseguir lo que queremos si fingimos que no nos pasa nada y evitamos expresar a las claras nuestras necesidades. Ser indirecto es contraproducente, porque así nunca conseguiremos que se satisfagan nuestras necesidades. Y, así, nos sentimos más frustrados y agobiados al interaccionar con los demás.

Otros ejemplos de conducta pasivo-agresiva son estos:

- Estar molesto y negarse a admitirlo.
- Atacar verbalmente sin que venga a cuento en la situación actual.
- Estar malhumorado sin que haya motivo (y a menudo).
- Sacar a colación cuestiones del pasado.
- Quejarse continuamente de los problemas.
- Hablar de las cosas que podrías arreglar sin tener intención alguna de abordarlas.

Eric era casi siempre pasivo-agresivo. Se lamentaba con su madre del problema de su padre con la bebida, pero más allá de la pregunta que le hizo de niño, nunca había tratado la cuestión abiertamente con Paul. Eric a veces ignoraba las llamadas de su padre, pero Paul no tenía manera de saber que era porque su hijo estaba molesto. A Paul no le costaría nada asumir que Eric estaba demasiado ocupado para coger el teléfono. Eric creía que había puesto límites, pero no era así.

Manipuladora

Cuando alguien manipula, dice o hace cosas con las que espera que la otra persona se sienta culpable y termine haciendo lo que quiere el manipulador: «Indirectamente, te convenceré para que hagas lo que quiero».

Sé si hay manipulación cuando oigo expresiones como *convencerle de...*, *hacer que...* o *persuadirle para que...*

Es cierto que manipular a la gente en ocasiones da resultados. Muchos adultos y niños usan la manipulación para conseguir sus objetivos, suplicándole a alguien hasta que esa persona se rinde.

Sin embargo, hay una gran diferencia entre manipular y hacer un trato.

Cuando hacen un trato, aunque sea injusto, ambas partes son conscientes de lo acordado. En el caso de los niños, un ejemplo de trato podría ser: «Si me porto bien en la escuela, ¿me darás una chuchería cuando vuelva a casa?». En el de los adultos: «Si voy a ver contigo una peli de acción, ¿tú verás conmigo una comedia romántica?».

Cuando hay manipulación, la persona manipulada a menudo no sabe que se están aprovechando de ella. Ser manipulado provoca confusión, porque el manipulador intenta que la otra parte se sienta mal. Por lo tanto, tendemos a aceptar cosas que de otra manera jamás habríamos consentido.

Otros ejemplos de manipulación son estos:

- Hacer que un problema que tiene el otro consigo mismo parezca un problema contigo (hacer *luz de gas*).
- Pedirte ayuda en el último minuto y decirte que es que ya no tiene otra opción.

- Contar una historia que pretende generar lástima.
- Evitar partes importantes de la historia para convencerte de que le apoyes.
- Negarte el cariño para que te sientas mal o cambies tu comportamiento.
- Utilizar tu relación con esa persona como un motivo por el que «deberías» hacer ciertas cosas; por ejemplo: «Las esposas deben cocinar» o «Deberías ir a ver a tu madre todos los días».

Paul manipulaba a su mujer al decirle que su trabajo era muy estresante y que beber era la única manera que tenía de relajarse. Cuando Eric hablaba con su madre sobre el problema de Paul con la bebida, ella decía: «Para él es muy duro. El trabajo es agobiante, y él es muy sensible». Se inventaba excusas porque sentía lástima por Paul.

LA ASERTIVIDAD ES LA RESPUESTA

Cuando alguien es asertivo, sus pensamientos se parecen a este: «Sé cuáles son mis necesidades y voy a comunicártelas».

La manera más saludable de comunicar tus límites es ser asertivo. A diferencia de otras maneras ineficaces de comunicación, como las que he mencionado hasta ahora, la asertividad es el modo de expresar tus necesidades de forma clara y directa.

Ser asertivo significa comunicar tus sentimientos abiertamente y sin atacar a los demás. No exiges, sino que pides que el otro te escuche.

Otros ejemplos de asertividad son:

- Responder que no a algo que no quieres hacer.
- Decirle a la gente cómo te sientes como consecuencia de su comportamiento.

- Compartir lo que piensas sinceramente sobre tus experiencias.
- Contestar al momento.
- En lugar de hablar con un tercero, hablar directamente con la persona con la que tienes un problema.
- En lugar de asumir que los demás adivinarán tus expectativas, verbalizarlas con total claridad.

Trabajar con los límites también implica trabajar con tu capacidad para ser asertivo. Comunicarlos no es ser pasivo, agresivo, pasivo-agresivo ni manipulador. Si quieres ponerte límites saludables, deberás hacerlo con asertividad.

CÓMO COMUNICAR UN LÍMITE CON ÉXITO

Sé asertivo y sigue los siguientes tres pasos fáciles (bueno, a lo mejor no son tan fáciles, pero sí factibles).

Mi película favorita de Julia Roberts es *Pretty Woman*. En ella da vida a Vivian, una prostituta que se enamora de uno de sus clientes, Edward (Richard Gere), un hombre de negocios. Él es encantador; ella, escéptica. Fuera de la relación, la gente intenta meterse en la cabeza de los dos para detener la incipiente historia de amor. Pero al final el amor se impone y ambos viven felices y comen perdices (espero).

A Vivian no la intimida el hecho de que Edward tenga mucho más dinero que ella. Defiende los valores que se ha impuesto a sí misma. Una de mis frases favoritas es la que exclama Vivian: «¡Yo digo quién, yo digo cuándo, yo digo cuánto!». Ha establecido sus límites y, cuando los demás no los aceptan, ella los respeta y abandona la situación.

Paso número 1

Sé claro. Haz lo imposible por comunicarte con la mayor franqueza posible. Ten cuidado con el tono que utilizas: no grites ni susurres. La gente ignorará el límite si empleas palabras o expresiones complicadas. Respira muy hondo y concéntrate en ser directo.

Paso número 2

Verbaliza claramente tu necesidad o petición, o di que no. No digas qué es lo que no te gusta; pide lo que necesitas o lo que quieres. Identifica tus expectativas o rechaza el ofrecimiento en cuestión. Aquí tienes varios ejemplos para que veas cómo se unen los pasos 1 y 2.

- Un amigo te invita a una fiesta, pero a ti no te apetece ir.
  «Gracias por invitarme, pero esta vez no voy a ir.»
- Estás harto de que tu amigo se queje de su trabajo.
  «Oye, veo claro que tu trabajo te frustra. Me gustaría que tuvieras en cuenta la posibilidad de hablar con alguien de recursos humanos o del programa de asistencia al empleado para hablar de tus frustraciones.»
- Tu madre critica a la nueva novia de tu hermano.
  «Que hables así de ella me hace sentir incómodo. Quiero que seas amable con ella porque a John le gusta.»
- Tu pareja menciona a menudo que estás engordando.
  «No me gusta que hables de mi peso; deja de hacerlo, por favor.»

A Eric le costaba muchísimo identificar los límites que quería fijar. Al hablar sobre sus problemas familiares, se dio cuenta de que necesitaba ponérselos no solo a su padre, sino también a su madre y a su hermano. Como hablaba más a menudo con su madre, comenzó con ella. Empezó estableciendo un límite sobre lo que a él le molestaba más: «Cuando hablo de los problemas de papá, quiero que me escuches sin defenderle».

Después de marcar ese límite con su madre, Eric se sentía culpable, y le preocupaba que los encuentros futuros entre ambos fueran extraños. En nuestra siguiente sesión, sin embargo, Eric me contó que su relación con ella había mejorado.

También puso un nuevo límite con su hermano: «Deja de buscar pelea con papá en las reuniones familiares». Al principio, su hermano negó ser agresivo, pero con el tiempo los dos llegaron a entablar una sanísima conversación sobre la manera en que les había influido el problema de su padre con la bebida.

Eric sabía que iba a necesitar más tiempo para procesar lo que iba a decirle a su padre. Esa sería para él la conversación más difícil de todas.

Paso número 3

Lidiar con la incomodidad que conlleva el hecho de ponerse límites es la parte más complicada. La incomodidad es la razón número 1 por la cual queremos evitar ponerlos. Es habitual acabar sintiéndose culpable, asustado, triste, arrepentido o extraño.

Culpa

La pregunta que me formulan más veces es esta: «¿Cómo pongo límites sin sentirme culpable?». Los límites libres de culpa no existen. La culpa es una parte del proceso. La culpa se suele sentir cuando piensas que lo que haces está mal. Te sobreviene al planear que vas a decirle a la gente lo que necesitas o lo que quieres.

Desde que nacemos, muchos de nosotros nos sentimos culpables por tener necesidades y preferencias. Algunos adultos cuidan de los niños obligándolos a ignorar sus límites. Sin querer, los cuidadores tal vez obliguen a los niños a abrazar a adultos a los que ellos no quieren abrazar. Cuando los niños no obedecen las peticiones de quienes los cuidan, reciben una de estas frases: «No seas maleducado» o «Eso no está bien». Decirles a los niños que son malos o maleducados porque no obedecen una petición es manipulación. En estos pequeños actos, les estamos enseñando que deberían sentirse culpables por intentar respetar sus propios límites.

Por ejemplo, un adulto dice: «Dame un abrazo». El niño responde: «No quiero darte un abrazo». Y entonces el adulto contesta: «Pues si no me das un abrazo me voy a poner triste». La intención es provocar culpa en el niño.

A algunos niños se los educa para ser vistos y no oídos. Se les enseña que pedir lo que quieren o tener límites saludables es ser irrespetuosos. De adultos, les va a costar cambiar este anticuado modo de pensar. Quizá por ello les digan que son problemáticos o difíciles.

Pero la conclusión es que pedir lo que quieres es lícito. Expresar tus necesidades es saludable. Y puedes decir lo que piensas sin llegar a ser irrespetuoso.

La culpa no es una limitación a la necesidad de poner límites. Es un sentimiento. Y como el resto de los sentimientos, la culpa viene y se va. Procura no tratar tu culpa como si fuera lo más horrible del mundo. En lugar de eso, acéptala como una parte más de un proceso complicado; una pieza más, no la totalidad de la experiencia.

¿Cómo bregar con la culpa cuando esta se manifiesta? Siente la culpa, pero no te centres en ella. Prestarle demasiada atención a un sentimiento lo único que hace es prolongarlo. Puedes sentirte culpable y seguir adelante.

¿Alguna vez ha habido algo que te haya emocionado muchísimo? Por supuesto que sí. Y no lo dejaste todo por eso, ¿a que no? No faltaste al trabajo. No te pasaste el día entero en la cama. Hiciste lo que tenías marcado en la agenda, pero al mismo tiempo te sentías muy emocionado. Pues también puedes seguir con tu vida mientras te sientes culpable.

Si te sientes culpable, recuerda lo siguiente

- Tener límites es saludable.
- Los demás tienen límites que hay que respetar.
- Ponerse límites es la prueba de que una relación es saludable.
- Si los límites hunden una relación, esa relación estaba destinada a hundirse igualmente.

Por último, si la culpa te fastidia mucho, lleva a cabo tu práctica de autocuidado favorita y haz meditación, yoga o alguna otra técnica de relajación.

Miedo

Por culpa del miedo nos imaginamos lo peor. Mis clientes dicen: «Van a estar raros conmigo», «Me sentiré extraño» o «En cuanto intente poner un límite, quizá ya no vuelva a saber nada de ellos». Es evidente que no hay manera alguna de saber cómo va a responder alguien a nuestra asertividad. Cuando ese alguien cuenta con un pasado de ira y rabia, es comprensible que queramos evitar ponernos límites con esa persona. Pero nos victimizaremos en exceso si dejamos que el miedo nos impida hacer lo que necesitamos hacer.

Cuando vamos a comunicar nuestras expectativas, nos preocupa decir lo correcto. Y lo correcto no es más que expresar lo que necesitamos con asertividad.

En el caso de Eric, este imaginó escenarios hipotéticos con las posibles respuestas de su padre. Eric se temía lo peor: que su padre gritara, lo insultara y golpeara las paredes. Al fin y al cabo, su padre se había encolerizado en el pasado, y por ofensas menores. Eric no recordaba que nadie le hubiera puesto un límite a su padre ni una sola vez.

Aun así, Eric era consciente de que su madre había impuesto reglas en casa, reglas que su padre había respetado, como quitarse los zapatos en la entrada, no fumar en el interior e ir a la iglesia los domingos. Eric no había interpretado esos ejemplos como límites que su padre hubiera aceptado. Y recordó otras normas que su padre había acatado en el trabajo, en situaciones sociales y con otros miembros de la familia. Al comprenderlo, Eric vio que su padre sí que era capaz de respetar los límites cuando quería.

Tristeza

«Es que no quiero ser cruel.» Se lo he oído decir a muchísima gente. Nos sentimos tristes porque asumimos que poner un límite herirá los sentimientos de alguien. Asumimos que la gente será incapaz de gestionarlo, pero eso también es pensar en el peor escenario posible.

Hay que tener en cuenta, asimismo, que es imposible que sepas cómo va a sentirse alguien, así que espera a que esa persona te lo diga.

A veces te sientes triste porque esperabas que la gente que está en tu vida lo entendiera y se corrigiera por sí sola, que comprendiera tus necesidades, aunque tú no se las hubieras expresado directamente. Cuando alguien te pone en la tesitura de tener que reforzar un límite, es probable que en esa relación no te sientas querido.

Arrepentimiento

«¿Me he expresado mal?» Nos preguntamos si hemos ido demasiado lejos, si hemos sido demasiado bruscos o si acaso hemos alejado a la otra persona por completo. Nada más establecer nuestro límite, quizá pensemos: «¿Qué es lo que he dicho?».

Es verdad que no podemos retractarnos de lo dicho. No obstante, expresar algo que no es fácil también puede salvar y mejorar tus relaciones. Sé valiente y manifiesta tu límite; tu vida podría cambiar de muchas maneras, y todas positivas.

«Nos vamos a sentir raros.»También es una preocupación habitual. Recuerda: «Tú actúa como si nada». No olvides que ponerte límites no te convierte en una mala persona, sino en una persona saludable. Admite que has hecho algo bueno para ti. Haz lo que harías normalmente en esa relación. Si hablas a diario con esa persona, llámala al día siguiente. Asumir que la energía entre vosotros se volverá rara creará el tono de incomodidad que precisamente querías evitar. Por lo tanto, asume que la gente respetará tus límites y actúa en consecuencia.

CÓMO COMUNICAR TUS LÍMITES

En tus relaciones actuales

- Identifica en qué área o áreas necesitas establecer límites.
- Expresa tus necesidades con claridad.
- No te expliques ni ofrezcas una historia detallada sobre lo que está detrás de tu petición.
- Sé coherente y respeta tus límites.
- Vuelve a manifestar tus necesidades cuando sea necesario.

En una nueva relación

- A medida que vas conociendo a la otra persona, en vuestras conversaciones, menciona de pasada lo que quieres.
- Habla abiertamente de por qué para ti es importante que se cubran tus necesidades.

- Sé claro sobre tus expectativas.
- La primera vez que alguien transgreda tus límites, hazle saber que ha cometido una transgresión.
- Vuelve a manifestar tus necesidades.

LÍMITES CON PERSONAS COMPLICADAS

Eric estaba seguro de que su padre se lo pondría muy difícil. Incluso después de concluir que respetaba límites en otras situaciones, era incapaz de convencerse de que su padre fuera a hacer caso a su gran petición. Eric quería que dejara de llamarlo cuando se emborrachaba y que se mantuviera sobrio en las reuniones familiares. En realidad, Eric no quería ignorar el problema de su padre con la bebida, un hecho que equivalía a apoyarlo.

Decidió que el primer límite sería decirle a su padre que no lo llamara cuando se emborrachase. Y decidió que cuando tuviera lugar la transgresión sería la mejor ocasión para sacar el tema. Reflexionó para encontrar las palabras exactas, porque no quería trabarse. Le dijo: «Papá, no quiero hablar contigo si estás borracho. Quiero que me llames cuando estés sobrio. Hablaré contigo cuando estés sobrio».

La semana siguiente, Eric se moría de ganas de compartir conmigo lo que había ocurrido. Se sentía aliviado y frustrado a un tiempo. En cuanto el límite salió por su boca, su padre se puso a la defensiva y negó estar borracho. Llamó a Eric mentiroso y le preguntó cómo se atrevía a opinar sobre lo que hacía o dejaba de hacer. Eric estaba totalmente confundido y, después de aquella acalorada conversación, no sabía cómo proceder.

A continuación tienes unos cuantos ejemplos de cómo responde la gente complicada a tus intentos de poner un límite.

Resistiéndose

Ignoran que has mencionado un límite y siguen haciendo lo que quieren.

Poniendo a prueba los límites

Intentan sortearlos o manipularlos. Procuran hacer lo que quieren, pero de tal manera que tú quizá no te des cuenta.

Razonando y preguntando

Impugnan la razón que motiva tu límite y su validez.

Poniéndose a la defensiva

Impugnan lo que dices o cuestionan tu personalidad, o se inventan excusas para justificar que su comportamiento es adecuado.

Haciendo el vacío

Dejan de hablarte porque no les ha gustado lo que les has dicho. Esta táctica se utiliza con la esperanza de que retires tus límites.

Debes entender algunas de estas reacciones. Cuando estableces límites con gente complicada, es muy buena idea decidir de antemano cómo vas a lidiar con las posibles consecuencias.

Por ejemplo, qué puedes hacer cuando alguien transgrede tu límite:

1. Volver a expresárselo de manera asertiva.
2. Corregir la transgresión en cuanto ocurre. No dejes pasar la oportunidad y no lo menciones luego. Dilo en el momento.
3. Acepta que una persona, aunque sea complicada, tiene todo el derecho del mundo a responder a su manera, por más que sea diferente de lo que a ti te gustaría.
4. Decide no tomártelo como algo personal. Los demás quieren

hacer lo que quieren hacer. Tú les estás pidiendo que hagan algo incómodo que seguramente para ellos sea difícil.
5. Gestiona la incomodidad que sientes.

Eric decidió proceder y establecer con claridad el límite que puso a su padre. La siguiente vez que este le llamó borracho, Eric le dijo: «Creo que has estado bebiendo. Ya hablaremos en otro momento». Y le colgó el teléfono de repente, sin esperar a que su padre respondiera. Al ser coherente con su límite, Eric vio que las llamadas de su padre embriagado se iban reduciendo. Cuando ocurrían, que no era a menudo, Eric volvía a expresar su límite y colgaba.

EL PERIODO DE ACLIMATACIÓN

Deja que pase el tiempo para que la gente se acople a tus límites. Si en el pasado has tolerado ciertas conductas problemáticas, es probable que la otra persona se quede sorprendida y que te diga cosas como estas:

- «Que beba nunca había sido un problema.»
- «¿Por qué has cambiado de golpe y porrazo?»

Durante el periodo de adaptación, lo más plausible es que debas repetir tus límites, pero procura no explicarte. Es vital que los defiendas religiosamente. Dejar pasar las transgresiones porque no te apetece discutir o porque no han sido para tanto te devolverá a la casilla de salida.

Establecer límites es nuevo para ti y para la otra persona. Permite que ambos os aclimatéis a las nuevas normas de vuestra relación.

Los mejores límites son los fáciles de entender. Empezar a verbalizar con expresiones como *necesito*, *quiero* o *espero* te ayuda a no perder el foco de tu realidad.

Ejemplos de verbalizaciones con *quiero que...*

- «Quiero que dejes de preguntarme cuándo me voy a casar y tener hijos.»
- «Quiero que me preguntes qué siento en lugar de asumir lo que siento.»

Ejemplos de verbalizaciones con *necesito que...*

- «Necesito que recojas la tarta para la fiesta a tiempo.»
- «Necesito que me llames antes de hacerme una visita.»

Ejemplos de verbalizaciones con *espero que...*

- «Espero que asistas a mi graduación.»
- «Espero que me devuelvas el coche con el depósito de gasolina lleno.»

CONSOLIDA TUS LÍMITES CON TUS ACCIONES

Creemos que poner límites es difícil, pero defenderlos es aún más difícil. Tu comportamiento da muchas pistas a los demás. Si les pides que se descalcen en la entrada de tu casa, tú también debes descalzarte. Si no lo haces, la gente utilizará tu conducta como una razón para no respetar tus límites. Así pues, sé el ejemplo perfecto de las acciones que pides a los demás.

Otro aspecto de defender el límite que has establecido es decidir qué harás si alguien lo transgrede. Si no haces nada, no estás respetando tu límite.

Después de haber empezado a poner límites con su padre, Eric estaba preparado para establecer el último y definitivo. Una semana antes del Día de los Caídos, le dijo a Paul: «Papá, voy a organizar una barbacoa en casa. Espero que llegues sobrio y que no bebas. Si parece que has bebido, te voy a pedir que te marches».

Para que le echaran una mano con su límite, Eric les pidió a su madre y a su hermano que lo ayudaran a responsabilizar a su padre. En la barbacoa, Eric vio que Paul estaba al lado de la nevera con las cervezas. Con firmeza, volvió a expresarle sus necesidades a su padre. Paul restó importancia a las preocupaciones de Eric, pero se alejó de la nevera. A Eric no le resultó fácil verbalizar de nuevo sus necesidades, pero también creyó que no beber en la reunión era beneficioso para su padre.

CÓMO GESTIONAR LAS TRANSGRESIONES HABITUALES DE LOS LÍMITES: ¿QUÉ MÉTODO COMUNICATIVO ES EL MEJOR?

Verbaliza tus necesidades por cualquier medio posible. Sé que seguramente has oído que tener una conversación en persona es la mejor manera de comunicar algo. Y, sin duda, es preferible así, pero puede que enviar un mensaje o un correo electrónico sea la única manera en que te sientas cómodo.

De todos modos, igual que en las comunicaciones cara a cara, no permitas que la conversación se vuelva enrevesada ni demasiado detallada. No retrocedas al pasado ni expliques por qué te sientes así ni desde hace cuánto tiempo. Si te alejas de un guion claro y conciso, es mucho más probable que tu correo o tu mensaje se convierta en un intercambio largo y acalorado.

Por lo tanto, ya sea en persona o por internet, las normas son las mismas: sé siempre claro y utiliza palabras directas y simples.

QUÉ HAY QUE EVITAR AL ESTABLECER LÍMITES

Nunca, nunca jamás, pidas disculpas

En una encuesta que hice en Instagram, el 67 % de los participantes dijeron que no pueden marcar límites sin pedir disculpas o sin explicarse.

No pidas disculpas por necesitar y establecer límites. Cuando pides perdón, das la impresión de que tus expectativas son negociables o que no crees tener el derecho de pedir lo que quieres. Por otro lado, si necesitas decir que no a una petición, evita pedir disculpas. Intenta decir algo parecido a estas frases:

- «Gracias, pero no voy a poder».
- «Esta vez no puedo ayudarte.»
- «Espero que te lo pases bien, pero yo no voy a poder ir.»

No dudes

No dejes que la gente se vaya de rositas cuando transgrede tus límites, aunque sea una sola vez. Una vez enseguida se convierte en dos, en tres o en cuatro veces. Y entonces vas a tener que empezar desde el principio.

No des demasiada información

Evita contar a los demás el quién, el qué, el cuándo, el dónde y el cómo de tu límite. Sí, claro que puedes responder a una o a dos preguntas como mucho, pero sé claro y breve con tus respuestas. Recuerda que la gente quizá intente encontrar la manera de hacerte cambiar de opinión. Procura alejarte lo menos posible de tu verbalización original.

> **Razones habituales por las que los demás no respetan los límites**
>
> - No defiendes tus límites con ellos.
> - No hablaste con un tono firme.
> - No verbalizaste una necesidad o una expectativa.
> - Tus límites son flexibles. Al principio, son serios; al cabo de un tiempo, ya no.
> - Asumes que los demás se autocorregirán, aunque ni siquiera les hayas dicho lo que necesitas o lo que quieres.
> - Crees que debería bastar con verbalizar tu límite una sola vez.
> - Pides disculpas por tener límites.
> - Fijas unas consecuencias y no las mantienes con firmeza.

Si quieres que la gente respete tus límites, tú eres el primero que debe respetarlos.

CONSEJOS RÁPIDOS PARA GESTIONAR LAS TRANSGRESIONES DE LOS LÍMITES

Consejo número 1
Dilo en el momento. Cuando te quedas en silencio, das a entender que estás de acuerdo con lo que se ha dicho o hecho. Tus palabras no deben ser perfectas ni meditadas largo tiempo. Tan solo di algo como «no me gusta». Es mucho mejor que no decir nada.

Consejo número 2

Verbaliza tus límites con los otros. Hazlo de manera natural en plena conversación, por ejemplo: «No me gusta que la gente venga de visita sin avisar».

Consejo número 3

Si alguien transgrede un límite que ya has verbalizado, dile cómo te hace sentir esa transgresión. Acto seguido, vuelve a expresar lo que esperas de esa persona.

Consejo número 4

No dejes pasar nada, ni siquiera una sola vez.

Resumen de qué decir y cómo decirlo

Hay cinco modos de comunicar un límite:

- Pasivo: dejarlo estar.
- Pasivo-agresivo: expresar malestar con tus actos sin haber expresado con claridad tus necesidades a la otra persona.
- Agresivo: ser rígido, inflexible y exigir lo que necesitas.
- Manipulador: coaccionar para así alcanzar tus necesidades.
- Asertivo: decirle a la gente exactamente lo que deseas, con claridad y firmeza.

EJERCICIO

En tu diario, o en una hoja de papel aparte, completa el siguiente ejercicio.

- Piensa en un límite que necesitas establecer con una persona.
- Escribe el límite utilizando una de estas formulaciones: *quiero que...*, *necesito que...*, *me gustaría que...* o *espero que...* No escribas la palabra *porque* en la frase. No te expliques demasiado, no pidas disculpas. Está bien que empieces poco a poco. Elige el límite que crees que puedes compartir con mayor comodidad.
- ¿Cómo quieres compartir tu límite con la otra persona? ¿Cara a cara, con un mensaje o con un correo electrónico? Haz lo que te haga sentir más cómodo y creas apropiado.
- Vuelve al primer punto. ¿Tu verbalización es asertiva? Si lo es, adelante. Si no lo es, piensa cómo reformular tu explicación para que lo sea.
- Decide cuándo quieres compartir tu límite: ahora mismo o cuando el otro vuelva a transgredirlo. De nuevo, haz lo que te haga sentir más cómodo.
- Gestiona la incomodidad que experimentarás después de compartir tu límite. Lleva a cabo enseguida alguna técnica de autocuidado. Por ejemplo, medita, escribe en tu diario o vete a dar un paseo.

Líneas difusas: que dejen de serlo

> Los límites son pasos asertivos que das con tus
> palabras y tu conducta para crear una vida en paz.

Chloe estaba harta de ayudar siempre a Ray, su hermano mayor. Al fin y al cabo, la pequeña era ella. ¿No debería ser quien recibiera ayuda?

Chloe creía que Ray era un hombre inmaduro que no había logrado levar anclas. Siempre dependía de alguien: de su exmujer, de su novia, de sus padres o de Chloe. Era manipulador: siempre pedía que le dejaran dinero y nunca lo devolvía. Un día, Chloe necesitaba de verdad el dinero que le había prestado, pero tuvo que recurrir a una amiga para que se lo dejara.

Mantenía una relación íntima con sus dos sobrinas y su sobrino, del primer matrimonio de Ray. Durante el divorcio, sin embargo, su hermano le pidió a Chloe que tomara partido. Le dijo que, si seguía hablando con su exmujer, él iba a dejar de dirigirle la palabra.

En mi despacho, Chloe lloraba al contarme que quería una auténtica relación con su hermano, una que no se basara en lo que ella hacía por él, sino en un apoyo mutuo. Describió a Ray como un tipo egocéntrico y narcisista. Su hermano se pasaba horas diciendo lo mucho que odiaba a su exmujer y al «desgraciado» de su jefe, y lo mucho que su madre lo sacaba de sus casillas. Chloe lo escuchaba quejarse, aunque sabía que su hermano era el culpable de la mayoría de los problemas que tenía.

Chloe culpaba a su madre, que trató a Ray como a un príncipe cuando eran pequeños. Incluso ya de adultos, Ray seguía siendo el favorito. Si no se salía con la suya, tenía un berrinche, y su madre al final claudicaba. Cuando Chloe no le daba lo que quería, Ray se chivaba a «mamá».

La pobre se sentía utilizada y emocionalmente exhausta por su hermano. Aun así, cuando él la llamaba, casi siempre le respondía. Las pocas veces que no le cogía el teléfono, se sentía terriblemente culpable. En esos momentos, hasta oía la voz de su madre: «Pero es tu hermano».

Cuando Chloe intentaba poner límites con Ray, le decía algo así: «Es la última vez que te dejo dinero». Pero al final acababa cediendo, igual que su madre. Pensaba en sus sobrinos y le preocupaba que negar ayuda a Ray significara que a los niños les iba a faltar algo que necesitaban.

De todos modos, Chloe era consciente de que tenía que marcar límites a Ray, y de ahí que buscara mi ayuda. No comprendía por qué los que había establecido en el pasado no habían funcionado, y se preguntaba si debía seguir teniendo una relación con él.

Chloe sabía que Ray terminaría enterándose de lo que ella le dijera a su madre. Así, con la esperanza de que él lo oyera de manera indirecta, le contó a su madre cuánto le molestaba que para Ray todo girara siempre a su alrededor. Pero no supo nunca si esas palabras llegaron hasta su hermano. Su madre le decía: «Chloe, la familia es la familia, da igual lo que pienses de ella».

«¿Es normal que *no me caiga bien* mi familia?», me preguntó. Le sabía fatal y se había pasado años intentando por todos los medios ser una buena hermana. Sin embargo, estaba cansada de ser la única que procuraba que su relación fuera saludable.

Los límites difusos aparecen cuando no explicamos con suficiente claridad lo que queremos, necesitamos o esperamos de la otra persona. En lugar de ser directos, chismorreamos o hablamos con los demás acerca de lo que queremos. Y entonces quizá infrinjamos sus límites al ofrecerles consejos que no han pedido sobre cómo deberían relacionarse con la gente, o al verter nuestros principios sobre la otra persona.

Chloe se sentía culpable por ponerse límites indirectamente con Ray y por chismorrear con su madre acerca de su hermano. Asimismo, a menudo hablaba del estilo de vida de Ray con su madre: «Tendría más dinero si se hubiera quedado con su mujer» y «No necesitaría mi ayuda si buscara un trabajo mejor». Su madre le decía a Chloe que debía ser fiel a su familia pasara lo que pasara, pero ese no era el principio que tenía Chloe.

En resumen, los límites difusos no son una manera ventajosa de conseguir un cambio en nuestras relaciones.

Cuáles son los límites difusos

Número 1: chismorrear

En algunas relaciones, es habitual echar mano de chismorreos como una manera de conectar, sobre todo con gente a la que no conocemos demasiado. Un chismorreo malicioso tiene lugar cuando hacemos un comentario desdeñoso o revelamos detalles personales de una persona de la que somos íntimos. Con la intención de descargar nuestras frustraciones, compartimos con otros lo que nos gustaría decirle a la persona de la que estamos hablando. Pero el que nos está escuchando no va a ayudarnos a resolver nuestros problemas con otros. Al compartir detalles personales de un tercero, dañamos su reputación de un modo pasivo-agresivo.

Número 2: decir a los demás cómo deben vivir

A veces, la ayuda (pedida o no pedida) de los demás nos llega cuando se trata de una relación estrecha: «Es lícito que te diga cómo debes vivir». Cuando compartimos un problema con otra persona, es probable que esta considere útil decir: «Tienes que...». Es un problema con los límites muy común entre adultos mayores de edad y sus padres, ya que a estos les cuesta no decir a sus hijos lo que deberían hacer. Tal vez sea difícil escuchar sin dar consejos a la gente que comparte sus problemas con nosotros, pero a menudo es el mejor apoyo que podemos proporcionar.

Decir a otra persona lo que debe hacer con su vida no le permitirá resolver sus propios problemas. Kate McCombs, una educadora sexual y relacional, lo explica así: «La pregunta que prefiero con diferencia que me formulen cuando tengo un problema es esta: "Ahora mismo, ¿quieres empatía o un plan de acción?"».[1] A menudo, asumimos automáticamente que los demás buscan nuestra opinión sobre lo que deberían hacer, pero no siempre es el caso.

En una encuesta de Instagram, hace poco, pregunté: «Cuando tienes un problema, ¿qué prefieres? A: que te aconsejen; B: que te escuchen». De las cuatro mil personas que respondieron, más del 70 % votó por la opción B. Por lo visto, la mayoría de nosotros tan solo queremos que nos escuchen.

Un límite fundamental es aprender a escuchar sin dar consejos y sin preguntar: «¿Quieres que te escuche o que te dé mi opinión?». Dejar que los demás elijan cómo quieren que respondas es una manera muchísimo más profunda de apoyarlos cuando comparten algo contigo.

Número 3: indicar a los demás lo que deberían
y lo que no deberían tolerar en una relación

«Si yo fuera tú, haría...». En una relación, todos somos capaces de aguantar diferentes cosas a distintos niveles. Cuando compartimos lo que haríamos nosotros si..., no permitimos que el otro tenga la oportunidad de decidir sus propios límites. Como decíamos antes, solo escuchar es una práctica muy útil.

Número 4: verter tus principios sobre los demás

Según Celeste Headlee, autora de *We Need to Talk*, «para entablar una conversación importante, a veces vas a tener que dejar tus opiniones junto a la puerta. No hay ninguna creencia tan fuerte que no pueda quedar temporalmente al margen para aprender de alguien que no está de acuerdo. No te preocupes: cuando hayas acabado, tus creencias seguirán ahí».[2] Todo el mundo tiene derecho a opinar, pero la opinión de otra persona sobre tu vida no es más valiosa que la tuya propia.

VOLVER A VERBALIZAR O ACTUALIZAR TU LÍMITE

Cuando vuelvas a verbalizar un límite, utiliza la misma estrategia que cuando lo manifestaste la primera vez: sé claro, expresa tus necesidades y lidia con la incomodidad. No puedes permitirte dejar pasar ni una sola transgresión. Si aceptas alguna falta, dará la impresión de que no te tomas en serio tus expectativas.

A Chloe le parecía muy difícil ser fiel a sus límites. Solía decir: «La próxima vez que me pidas ayuda, te diré que no». Pero al final no lo hacía. O bien consentía en ayudar o bien amenazaba con decir que no más tarde. No respetaba su propio límite, porque los efectos colaterales le daban miedo: pensar que su hermano no la dejaría volver a ver a sus sobrinos, aunque él no dijo en ningún momento que fuera a actuar así.

Chloe y yo decidimos que actualizar su límite a algo más simple, «No puedo ayudarte», iba a ser una mejor respuesta inmediata. Le aconsejé que no diera explicaciones ni hiciera promesas sobre el futuro. Que tan solo dijera que no.

Una de las seis áreas de los límites es la temporal. De ti depende cuándo das tu tiempo a los demás y con qué frecuencia. No debes regalarle tu tiempo a gente que te resulta emocionalmente agotadora. Quizá te parece que debes descolgar el teléfono, responder a un mensaje o contestar a un correo, pero no es así. Puedes decir que no cuando alguien te pida algo; por ejemplo: «¿Me echas una mano con la mudanza?». No pasa nada si te pones límites con una persona que a sí misma no se pone ninguno.

A Chloe le resultaba imposible reducir sus interacciones con Ray. Su madre le preguntaba una y otra vez: «¿Has hablado con tu hermano?». Si respondía que no, su madre insistía: «Llámalo, a ver cómo está». Su madre conseguía que el hecho de mantener una comunicación con su hermano dependiera de Chloe.

Si Chloe quería ponerse límites con Ray, iba a tener que establecer uno con su madre y pedirle que dejara de insistir para que hablara con él. Además, quería que su madre parara de recordarle sus principios sobre la importancia de la familia.

Por suerte, establecer un límite con Ray no fue tan difícil como imaginaba Chloe. Tan solo dejó de llamarlo cada tanto. Como era ella la que iniciaba casi todo el contacto que mantenían, al principio Ray pareció no darse cuenta.

La situación con su madre era más complicada. A pesar de que le había pedido que parara, su madre seguía hablándole a Chloe sobre la importancia de la familia. Así pues, Chloe necesitaba nuevas maneras de moldear el diálogo con su madre.

DAR UN ULTIMÁTUM

Dar un ultimátum es dar a elegir a la otra persona que cambie o que se atenga a una consecuencia específica. Hay consecuencias que tenemos la intención de mantener. Si das un ultimátum y no lo cumples, es una amenaza. La gente no respeta las amenazas, pero sí puede aprender a respetar los ultimátums.

Ejemplos de ultimátums

Sentencia
«Ya te he pedido que llames antes de venir. Si vuelves a venir sin avisar, no voy a abrirte la puerta.»

Acción
Cuando esa persona pretenda transgredir tu límite, no le abras la puerta.

Sentencia
«No me gusta que cuentes mis problemas personales a los demás. Si lo haces, dejaré de decirte cosas que no quiero que sepa nadie.»

Acción
Cuando esa persona transgreda tu petición de privacidad, deja de contarle cosas.

Los ultimátums son saludables cuando los utilizas como una herramienta para ejecutar y defender tus límites, acompañándolos de consecuencias razonables, como en los ejemplos anteriores. Los ultimátums no son saludables si las consecuencias que impones son punitivas o si amenazas a los demás para que hagan lo que quieres.

Ultimátums saludables

- «Si a las siete en punto no estás listo, cogeré un taxi sin ti.»

- «Si me entero de que has vuelto a beber, no te voy a dejar dinero.»
- «Si no me dices ya lo que quieres cenar, lo decidiré yo.»

Ultimátums no saludables

- «Como no tengamos hijos, atente a las consecuencias.»
- «Si sales con tus amigos, voy a estar una semana entera sin hablarte.»
- «Si hoy no te quedas trabajando hasta tarde, no pienso darte el día libre que me pediste.»

Chloe y yo trabajamos para pensar en un ultimátum que pudiera sostener. No quería poner fin a la relación con su madre, porque en su mayoría sí era saludable. Solo quería que su madre dejara de hablar de Ray. Por lo tanto, Chloe decidió decir lo siguiente...

Sentencia
«Mamá, te he pedido que dejaras de hablar de la importancia de la familia y que dejaras de pedirme que llamara a Ray. Como madre que eres, sé que es difícil ver que tus hijos mantienen una relación que no es saludable. Pero si no respetas mi límite, daré por finalizada la conversación o cambiaré de tema. No lo hago para dejar de respetarte a ti. Lo hago para respetarme a mí.»

Acción
Chloe cambiaba de tema o finalizaba las conversaciones con su madre.

El cambio de comportamiento de Chloe al principio fue duro, porque la culpa la agobiaba. Estaba poniendo a prueba sus propias creencias sobre la familia. De ahí que decidiera lidiar con su incomodidad escribiendo un diario, asistiendo a terapia regularmente, buscando amigos comprensivos con los que hablar y pronunciando afirmaciones que se inventó para reforzar sus nuevas creencias.

Sentencias afirmativas
- «Puedo poner límites en las relaciones con mi familia.»
- «Establecer límites con los demás es una manera saludable de asegurar que se cumplen mis necesidades.»
- «Manifestar mis expectativas es mi manera de practicar el autocuidado.»
- «En una relación saludable, la gente respeta mis deseos.»
- «La incomodidad es parte del proceso.»

Algunos ultimátums son difíciles, como los que te llevarán a poner fin a una relación o a distanciarte de alguien. Antes de distanciarte de alguien, sin embargo, ten en cuenta lo siguiente:

- ¿He establecido límites?
- ¿De qué maneras es posible que la otra persona responda a mis límites?
- ¿La otra persona está al corriente de los problemas que tengo con ella?
- ¿Me ha hecho daño de manera irreparable?
- La otra persona, ¿está dispuesta a reparar la relación?
- ¿Cuáles son los aspectos saludables de la relación?

DECIRLE A ALGUIEN QUE PARE

En el 90 % del libro *Huevos verdes con jamón*, del doctor Seuss, piden a Sam que pruebe huevos verdes con jamón. De manera indirecta, él dice que no está interesado y exclama: «¡No me gustan los de allí; no me gustan los de ningún lado!». En las sesenta y cuatro páginas de la obra, Sam no dice ni una sola vez: «Para de pedírmelo». Página tras página, le molesta tener que comer algo que ha especificado claramente que no le gusta. Cuando le leí el libro a mi hijo de tres años, enseguida pensé: «¿Por qué no pone fin de una vez por todas con un *basta*?». Y no te lo vas a creer, pero más o menos por la página 56, Sam acepta probar los huevos verdes con jamón, y le gustan.

Los demás esperan que tarde o temprano te rindas. Van a seguir preguntándotelo porque has expresado de un modo demasiado vago que no te vas a rendir. Decir *basta* te va a evitar tener que rechazar a la gente una y otra vez. Sé directo y di que no estás interesado.

CORTAR POR LO SANO Y LEVANTAR MUROS

Solamente verbalizar tus expectativas puede que no sea suficiente, sobre todo con la gente que a menudo las transgrede. Los límites saludables incluyen sentencias y acciones que promueven lo que tú quieres tener en una relación. Cuando te pones un límite, reforzarlo es responsabilidad tuya.

Cortar por lo sano

Cortas por lo sano con alguien cuando decides poner fin a una relación que no es saludable. En una encuesta de mis historias de Instagram, el 78 % dijo que no creía que la gente tóxica con comportamientos nada saludables pudiera cambiar. Si alguien se niega numerosas veces a respetar tus límites, tal vez decidas cortar por lo sano. Otros quizá corten por lo sano contigo también como consecuencia de los límites que te has puesto con ellos. Independientemente de qué la ha motivado, esta decisión puede provocar los siguientes sentimientos:

- Alivio: «Me siento mejor sin el estrés de la relación».
- Arrepentimiento: «Sabía que no tendría que haberle pedido que...».
- Culpa: «Que haya pasado es culpa mía».
- Rabia: «No me puedo creer que respondiera así».
- Tristeza: «Echo de menos...».

Las respuestas anteriores son normales y corrientes tras el fin de una relación, aunque la respuesta en cuestión no sea satisfactoria para nosotros.

Hay dos maneras de cortar por lo sano:

1. Expresar con suma claridad por qué vas a terminar la relación con la otra persona.
2. Ignorar al otro, abandonarlo sin previo aviso. Ignorar es una acción intencionada para cortar lazos de manera pasiva.

Cortar por lo sano puede ser una manera de cuidar de ti mismo en un nivel más profundo, ya que permanecer en una relación con una persona que no está dispuesta a cambiar es doloroso y termina haciéndote daño.

Levantar muros

Los muros son límites rígidos con los cuales pretendes protegerte y mantenerte alejado de la gente. Al levantar un muro, todo el mundo se rige por las mismas normas. Como dejas muy poco margen de flexibilidad a tus límites, no dejas pasar nada, ni las cosas ni las personas positivas ni las dañinas. Los muros no son una manera saludable de protegerte, ya que son rígidos e indiscriminados. Es vital que te protejas de las situaciones peligrosas o agresivas, por supuesto, pero no creo que eso sea lo mismo que levantar muros. Ponte límites en función de cada caso en particular. Si levantas muros, dejas fuera a todo el mundo, no solo a los individuos agresivos.

ACEPTAR LA SITUACIÓN Y PONER FIN A LA RELACIÓN

Cuando has intentado establecer límites y ves que tus peticiones se transgreden continuamente, tal vez haya llegado el momento de valorar cortar por lo sano con alguien. Está claro que poner fin a una relación no es fácil, así que elabora un plan saludable para cuidarte a lo largo de todo el proceso. Terminar una relación no es una señal de que ya no te preocupes por la otra persona. Es un indicador de amor propio, de autocuidado, de que tienes límites saludables, valentía, y de que deseas estar bien.

Poner fin a una relación imita el proceso del duelo. Lo más probable es que experimentes lo siguiente: depresión, ira, confusión y negociación. Tu objetivo final es llegar a la fase en la que aceptas que no eres capaz de cambiar a la otra persona y que ya has intentado todo lo posible para arreglar esa relación.

- Elaboras una lista para afirmar quién eres («soy una buena persona», etcétera).
- Procesas lo que has aprendido de ti mismo gracias a la relación tóxica.
- Fijas cómo te gustaría ser en tus relaciones presentes y futuras.
- Te perdonas por aquello que has permitido que sucediera en la relación.
- Te perdonas por no haberle puesto fin antes.

Es cierto, a la gente quizá no le gusten los límites que estableces, y quizá contraataque así...

- Cortando por lo sano contigo.
- Haciéndote el vacío.
- Manipulándote para intentar que retires el límite.
- Siendo borde.

Poner límites no va a romper una relación saludable.

Si experimentas alguna de las situaciones anteriores, debes saber que el daño no lo ha provocado tu límite. La relación no era saludable ya desde antes, y tu límite no ha hecho más que sacar a la superficie los problemas que había que abordar. Poner límites no va a romper una relación saludable.

Sé que da miedo pensar que compartir un límite podría ser el fin de una relación. En lugar de concentrarte en el peor escenario posible, concéntrate, sin embargo, en la posibilidad de que la otra persona respete tu petición, aunque esa persona te haya planteado dificultades en el pasado.

QUE SE TE ENTIENDA BIEN LA PRIMERA VEZ

Si establecer límites es una práctica nueva para ti, hacerlo bien la primera vez te ayudará a sentir una mayor confianza. No te alejes del guion, sé claro, directo y ve al grano. Así evitarás los problemas derivados de las posibles respuestas de los demás.

Quizá te resulte útil decir que vas a fijar un límite para así preservar la relación. Dile a la otra persona que será saludable para los dos. Los límites no son el enemigo.

Al principio, Chloe no respetó los límites que se puso con su hermano. No cumplió con ellos del todo, porque se sentía culpable o porque no quería perjudicar su relación con sus sobrinos.

Cuando no acatamos los límites que nos hemos puesto con los demás, estos tampoco los acatarán. A Chloe le costaba ser coherente con los suyos; daba ultimátums que no tenía ninguna intención de llevar a cabo. Esperaba que su hermano se diera cuenta. Pero Ray sabía que transgredir los límites de su hermana no tendría consecuencias para él.

Ser coherente sería lo único que iba a resolver los problemas de Chloe con Ray. Si respetaba sus propios límites, Chloe lograría eliminar los problemas que tenía en su relación con su hermano. Identificó los siguientes límites, que iba a defender a capa y espada.

Límite
Evitar conversaciones que te hagan sentirte emocionalmente agotado.

Pasos

1. Ignorar las llamadas cuando no es un buen momento para hablar.
2. Limitar las conversaciones de cinco a diez minutos.
3. Hablar más sobre ti mismo.
4. No proponer soluciones; solo escuchar.

Límite

Dejar de prestarle dinero a Ray más de una vez al año.

Pasos

1. Cuando Ray hable de dinero, no se lo ofrezcas si no te lo ha pedido.
2. Proponle otras maneras de conseguir dinero que no pasen por ti.
3. Di que no, y si Ray pretende hacer que te sientas culpable, coméntaselo: «Estás intentando que me sienta mal por tener un límite».
4. Elabora un plan económico personal, para que así no te sobre dinero que prestarle a Ray.

No te ciñas a ponerle un nombre al límite; lleva a cabo acciones realistas que eviten que lo incumplas.

Ser fiel a tus límites significa crear nuevos hábitos. En *Hábitos atómicos*, James Clear habla de la importancia de hacer cambios pequeños para conseguir resultados extraordinarios: «Todas las cosas importantes provienen de comienzos modestos. La semilla de cada hábito es una pequeña decisión. Pero conforme esa decisión se repite, un hábito nuevo surge y se va fortaleciendo. Las raíces se afianzan y las ramas crecen. La tarea de eliminar un hábito pernicioso es parecida a arrancar de raíz un poderoso roble que crece en nuestro interior. Y la tarea de desarrollar un buen hábito es equivalente a cultivar una delicada flor cada día».[3]

Así pues, no empieces a lo grande. Quizá no estás preparado para decir que no cada vez que alguien te pide hacer algo que no quieres hacer. A lo mejor puedes acordar contigo mismo decir que no la mitad de las veces, o decir que no a lo que te fastidie más. La gente no va a identificar ni abrazar tus límites de la noche a la mañana. Pero, con el tiempo, verbalizar tus expectativas te resultará más y más natural, y la gente acabará siendo consciente de ellas.

Por otro lado, en lugar de referirte a ti mismo como a alguien que no sabe ponerse límites, empieza a decir que eres una persona con límites (aunque al principio no te lo creas). «Eres quien dices ser.» Definirte tal como quieres ser logrará que tengas la mentalidad de hacer cambios para implementar tus límites de manera constante.

ASEGÚRATE DE QUE HAN OÍDO TU LÍMITE

Para los que finjan que no te han oído, practica diciendo algo parecido a lo siguiente:

- «¿Entiendes lo que te pido?».
- «¿Podrías reformular con tus propias palabras lo que he dicho?»
- «Para que quede claro, me gustaría oírte confirmar lo que he dicho.»

Los padres y los profesores lo practican continuamente con esta pregunta: «¿Qué me has oído decir?». La verificación es una manera importante de saber que te han escuchado. No te asegurará que los demás vayan a hacerte caso, pero sí impedirá que te digan que no han oído o entendido los límites que has expresado.

Sasha y Toni llevaban dos años saliendo cuando empezaron a discutir acaloradamente sobre problemas relacionados con sus respectivas familias. Para Toni, la madre de Sasha era borde y controladora, y después de muchísimas peleas de poder, Toni se juró que guardaría distancias con ella.

Sasha era una mujer muy familiar y quería que su novia mantuviera una relación íntima con su familia. Aunque sabía que su madre a veces era controladora, la aceptaba como era y no creía que hubiera que abordar su comportamiento.

Lo que quieres tú y lo que quiere otra persona en ocasiones van en dirección opuesta. Por ejemplo, Sasha quería que su pareja se llevara muy bien con su madre, mientras que Toni quería alejarse de la madre de Sasha. En casos como este, pregúntate lo siguiente:

- ¿Hay alguna manera de que los dos os comprometáis para llegar a un término medio?
- ¿Los dos límites influyen negativamente en la relación? De ser así, ¿de qué forma?
- ¿Estás poniendo un límite como represalia porque alguien te lo ha puesto a ti?
- ¿Qué estás dispuesto a hacer para asegurarte de que se cumplen tus necesidades?

Para Sasha, comprometerse significaba aceptar que su pareja sería cordial, pero no íntima con su madre. Para Toni, significaba limitar el tiempo que iba a pasar con la madre de Sasha, sin dejar de defenderse con amabilidad. Con el tiempo, sin embargo, a Sasha no le convenció el acuerdo, y las dos decidieron separarse.

En una relación sentimental, tu pareja quizá no siempre acepte tu manera de llevarte con tu familia. Cuando dos personas tienen límites que colisionan, es vital comunicarse con claridad y determinar qué compromisos se pueden alcanzar. Idealmente, ambas partes cederán un poco, y no habrá una que deba ceder del todo. Tal vez, Toni podría haberse esforzado en desarrollar una relación con la madre de Sasha y comunicarle sus expectativas directamente, o Sasha podría haber consentido en hablar con su madre sobre la posibilidad de modificar su comportamiento.

A veces, los compromisos no llegan a buen puerto; en esos casos, ambas partes deben acceder a mantener límites separados y aceptar la postura del otro en esa cuestión.

EJERCICIO

En tu diario, o en una hoja de papel aparte, completa el siguiente ejercicio.

- Traza dos líneas verticales para tener tres columnas.
- En la primera columna, escribe un límite que te gustaría implementar. No pasa nada si utilizas uno del último ejercicio.
- En la segunda columna, escribe dos acciones que te ayudarán a implementar tu límite y a darle continuidad en el tiempo.
- En la tercera columna, piensa una consecuencia que ves posible llevar a cabo si alguien no respeta tu límite.
- Utiliza este plan de acción como guía mental cuando vayas a establecer y hacer cumplir tus límites.

CAPÍTULO

8

Traumas y límites

> Libérate del pasado con unos límites
> saludables.

Nadie quería estar con ella, así que aprendió a vivir sin necesitar a nadie. Amber tenía solo un mes cuando se fue a vivir con su abuela paterna. En cuanto cumplió diez años, ya había vivido con su padre, con su abuela y con su tía paterna, en tres hogares distintos con normas distintas.

Y entonces, cuando tenía diez años, su madre volvió a su vida. Amber se mudó con ella y allí estuvo hasta que cumplió diecisiete.

Fue un infierno. La madre de Amber tuvo numerosos novios, todos unos cretinos, y como no pagaba las facturas a tiempo, de vez en cuando les tocaba quedarse con el novio en cuestión. Desde los diez hasta los doce, el por aquel entonces novio alcohólico de su madre abusó sexualmente de ella. Cuando tenía quince años, Amber se enzarzó en una pelea física con otro de los novios de su madre para intentar protegerla.

Al cumplir diecisiete, Amber se independizó. No quería ser una carga, por lo que decidió cuidar de sí misma sin pedirle nada a nadie. Tampoco es que esperase que alguien hiciera algo por ella.

A los treinta y dos, Amber era totalmente independiente y parecía una mujer de éxito. Había terminado una carrera y un máster en Administración de Empresas, y tenía una profesión que le encantaba, sobre todo porque cobraba bien.

Sin embargo, a pesar de su éxito laboral, la vida sentimental de Amber era inexistente. Cuando salía con alguien, su compañero se preguntaba cómo acoplarse en la ocupadísima vida de ella. Por supuesto que Amber quería compañía, pero no «necesitaba» a nadie. En sus relaciones lo dejaba claro manteniendo cierta distancia. No dejó nunca que sus parejas conocieran a su familia, y tampoco estaba interesada en conocer la de ellos. No entendía por qué la gente era tan dependiente, quería hablar a diario y pasar tiempo con ella. Antes de que una relación fuera demasiado seria, Amber cortaba por lo sano, bruscamente.

Hace tres años, dejó de salir con hombres por completo. «Diría que soy ese tipo de persona que necesita estar sola», creía. Amber se creó su propia soledad estableciendo distancia, ignorando a los demás y, en definitiva, estando cerrada a cualquier relación.

De vez en cuando hablaba con sus padres, pero no muy a menudo. Normalmente, solo hablaba con su padre por el cumpleaños de él y por Navidad. Su madre se había casado con un tipo que no era tan malo como los otros, y quería estar cerca de su hija. Llamaba a Amber con frecuencia y organizaba encuentros.

Aunque amaba a su madre, Amber no tenía la sensación de que pudiera confiar en ella. Al fin y al cabo, su madre no había estado ahí la mayor parte de su infancia, y ahora no iba a fingir que entre las dos todo estaba bien.

Amber también se había convertido en un maravilloso camaleón y era capaz de adaptarse a cualquier entorno en el que se encontrara. En el trabajo, era una líder y un buen miembro del equipo. Sabía que para gozar de éxito en su carrera debía fingir amabilidad y que no le pasaba nada.

Después de veintiocho años de que «no le pasara nada», sin embargo, Amber empezó a experimentar una crisis emocional. Lloraba por cosas del trabajo que en otras circunstancias no le habrían importado lo más mínimo. Cuando hablaba con su madre, se irritaba muy a menudo. Normalmente, era capaz de ponerse una máscara de felicidad, pero de un tiempo a esa parte se distraía y se obsesionaba con pensamientos y recuerdos de su infancia.

Amber vino a verme cuando murió su padre. No sabía por qué su fallecimiento la había afectado tanto. Ni que estuvieran muy unidos. Pero sentía mucha rabia. Era como si sus traumas de la infancia hubieran salido a la superficie a la vez. Comenzó a pensar en que su madre la había abandonado, en los abusos que sufrió y en que le tocó vivir con varios miembros de su familia, sin llegar a sentirse en casa en ninguno de esos hogares.

Límites y traumas

Los traumas infantiles influyen en nuestro desarrollo, así como en nuestra capacidad para implementar y respetar límites. Los traumas infantiles incluyen desatenciones o abusos sexuales, físicos o emocionales. Echemos un vistazo a cada uno de los diferentes ámbitos.

El estudio Adverse Childhood Experiences (ACE) se creó para medir el impacto de los traumas infantiles. El ACE mide los traumas en las áreas de los abusos, las desatenciones y las disfunciones infantiles.

El ACE considera las siguientes áreas:

- Abuso físico, sexual o emocional.
- Desatención física o emocional.
- Disfunción familiar: enfermedad mental, pariente en la cárcel, adicciones, madre maltratada que sufre la violencia, divorcio.
- Mudarse numerosas veces también se considera traumático.

Las personas con una alta puntuación en el ACE, es decir, superior a cuatro, son más propensas a padecer enfermedades mentales, problemas relacionales y de salud mental, como la ansiedad o la depresión.

El resultado de Amber en el ACE era de ocho sobre diez. De puertas para fuera, parecía que lo llevaba bien. Hacia dentro, sin embargo, estaba triste y se sentía sola. No tenía ninguna relación saludable, y su padre acababa de fallecer. Lo único que sabía era que quería «sentirse mejor». No quería que la inundaran los recuerdos del pasado ni experimentar rabia por la muerte de su padre.

Cuando le hablé de los límites, Amber no tenía ni idea de hasta qué punto estaban relacionados con los problemas de su vida. La ayudé a unir su estado emocional actual con sus traumas infantiles. Poco a poco, empezó a ver que había creado límites rígidos para mantenerse apartada de la gente.

A Amber le daban miedo las conexiones emocionales. Se consideraba débil por estar triste y avergonzada, y no quería que nadie se enterara de esos sentimientos. Incluso cuando murió su padre, le decía a todo el mundo que se lo preguntaba que ella estaba bien. Pero no lo estaba. Sufría en silencio. Y tras pasarse años enterrando sus emociones, todos sus sentimientos estaban saliendo a la superficie al mismo tiempo.

Durante muchos meses, Amber fue reticente a asistir a terapia. Venía a una sesión y después cancelaba la siguiente. Detestaba la idea de necesitar terapia para que la ayudara a sentirse mejor. Un día le comenté que quizá no necesitaba la terapia; tal vez solo necesitaba sentirse mejor, y la terapia era una parte de ese proceso.

Según Claudia Black, una célebre autora, conferenciante y asesora especializada en adicciones, hay tres tipos de transgresiones de límites habituales que tienen lugar cuando se experimenta un trauma.[1] A continuación, verás unos cuantos ejemplos de cada uno.

Transgresiones físicas

- Tocar o acariciar de manera inapropiada.
- Reprimir el cariño que se siente.
- Que no te hayan enseñado a cuidar de tu cuerpo.
- Negarle la intimidad a una persona.
- No proporcionar ropa adecuada.
- Pegar, empujar, pellizcar.
- Leer diarios privados o rebuscar entre las cosas de una persona.

Transgresiones sexuales

- Hacer bromas o insinuaciones sexuales.
- Visualizar material adulto, como revistas o vídeos sexuales.
- Despreciar a alguien por su género (hombre/mujer) o su orientación sexual.
- Que no te hayan dado la suficiente información sobre el desarrollo de tu cuerpo.
- Cometer actos sexuales forzados o coactivos.
- Cualquier tipo de abuso sexual.
- Ignorar la negativa de la otra persona a mantener relaciones sexuales.
- No respetar los deseos de alguien de usar protección.

Transgresiones emocionales

- Restar importancia a los sentimientos del otro.
- Gritar a alguien constantemente.
- Que te digan qué sentir y cómo pensar. Que te digan que tus sentimientos no son válidos.

- No enseñarle a alguien a cuidar de sí mismo.
- Tener que gestionar los conflictos de los padres.
- No depositar unas expectativas apropiadas.
- Hacer luz de gas (culpar a alguien de algo que no ha sido su culpa).
- Disuadir a alguien de tener opinión propia.
- Burlarse de alguien.
- Decir a las bravas: «Tus sentimientos no importan» o «No vales lo suficiente».

Problemas habituales a los que se enfrentan los adultos que han sufrido abusos o desatenciones

- Quieren ayudar a todo el mundo, aunque no dispongan de las herramientas necesarias.
- Trabajan sin parar (asimilan estar ocupado con tener éxito).
- Dejan dinero a gente que ha demostrado que no se lo va a devolver.
- Comparten demasiada información con la esperanza de recibir amor a cambio.
- Son incapaces de regular sus emociones.
- Quieren complacer a todo el mundo.
- Les aterra el conflicto.
- Tienen una baja autoestima.
- Se meten en relaciones complicadas.
- Son incapaces de tomar decisiones sin conocer la opinión de los demás.

Los adultos también podemos sufrir abusos, por supuesto. En una relación adulta en la que hay violencia doméstica, se transgreden los límites reiteradamente. En una relación en la que los adultos sufren abuso verbal, abuso emocional o desatención emocional, los límites también están siendo transgredidos.

Cómo afectan los traumas a los apegos

Las transgresiones de los límites que se deben a los traumas, ya sean en la infancia o en la edad adulta, afectan a nuestra capacidad para crear apegos saludables. Hay dos estilos de apego nada saludables que influyen en los límites de una relación:

Apego ansioso

- Buscar validación constantemente.
- Tener un comportamiento de autosabotaje.
- Amenazar de manera habitual con romper la relación.
- Discutir con frecuencia sobre lo entregada que está la otra persona en la relación.
- Romper la relación a menudo por problemas nimios.
- Cuestionarse una y otra vez las acciones y su intención, ya que se interpretan como una amenaza.
- Tener un miedo paralizante a que la relación termine.
- Desear cercanía, pero no dejar de apartarse de la gente.
- Tener conductas dependientes para llamar la atención.
- Sentir incomodidad al estar solo.

Apego evitativo

- Buscar continuamente razones para justificar que la relación no funciona.
- Concentrarse en exceso en los aspectos negativos de la relación.
- Obsesionarse con pensamientos que llevan a dejar la relación.
- Tener dificultades para abrirse.
- Preocuparse constantemente por la pérdida de autonomía.
- Pensar: «Nadie vale lo suficiente».
- Creer a menudo que una conexión normal es «demasiado dependiente».

Un tipo de apego no saludable utiliza en su mayoría límites rígidos. Las personas con apegos ansiosos, en cambio, tienden a ponerse límites porosos.

Un apego seguro está determinado por los límites saludables.

Apego seguro

- Ser capaz de estar lejos de la pareja sin sentir incomodidad.
- Regular las emociones durante las disputas.
- Tener una identidad propia saludable.
- Estar cómodo al compartir los sentimientos.
- Sin sobreactuar, permitir a los otros que expresen lo que sienten.

En sus relaciones, Amber tenía un apego evitativo. Aunque deseaba relacionarse, también quería ser autónoma. No le gustaba el sentimiento (o la idea) de tener que depender de otro. Como consecuencia de la desatención emocional vivida durante la infancia, una persona puede llegar a desarrollar contradependencia, que se caracteriza por lo siguiente.

Contradependencia

- Tener dificultades para mostrarse vulnerable ante alguien.
- No estar dispuesto a pedir ayuda.
- Preferir hacer las cosas sin apoyo.
- Estar incómodo al sentir apego por una persona.
- Poner a propósito cierta distancia emocional.
- Sentir una soledad constante.
- Ser incapaz de identificar y aceptar los sentimientos propios.

Es probable que la contradependencia sea la manera en que una persona con apego evitativo aprende a protegerse a sí misma. A pesar de los deseos de tener una relación, comprometerse de verdad con alguien se antoja peligroso. Por lo tanto, la persona acaba utilizando límites rígidos, como mantener distancias con la gente o decir siempre que no para así sentirse segura.

Aceptar nuestra historia quizá sea duro, pero ni por asomo tan difícil como pasarnos la vida huyendo de ella. Admitir nuestras vulnerabilidades es arriesgado, pero no tan peligroso como perder la fe en el amor, en la posibilidad de encajar con alguien y en la alegría, tres de las experiencias que nos vuelven más vulnerables. Solo descubriremos el infinito poder de nuestra luz cuando tengamos la suficiente valentía para explorar la oscuridad.

Brené Brown

La vulnerabilidad es nuestra capacidad de compartir con los demás quiénes somos. Nos sentimos más cómodos siendo vulnerables cuando no hay miedo a las consecuencias. Ser vulnerables nos permite ser sinceros y claros sobre las experiencias que nos han moldeado. Tener miedo a la vulnerabilidad es tener miedo al juicio ajeno.

Es probable que crecer en una familia tóxica nos haga sentir vergüenza. La vergüenza provoca una baja autoestima y querer complacer a todo el mundo. Para las personas que han sufrido traumas, la parte más complicada es la vulnerabilidad que supone compartir su historia con los demás.

Creemos que, si somos vulnerables, la otra persona...

- Tendrá un peor concepto de nosotros.
- Nos hará daño de nuevo.
- Minimizará nuestro trauma.
- Pensará que somos débiles.
- Nos juzgará.

Cuando tememos ser vulnerables, abundan los límites rígidos, porque el objetivo es estar seguros.

Cuando se transgreden tus límites, puede que no sepas con seguridad cuáles son apropiados y temas que los demás no vayan a respetarlos.

En algunas familias se enseña a guardar los secretos con frases como esta: «Lo que ocurre en esta casa se queda en esta casa». Si decides hablar sobre tu trauma, tal vez creas que estás traicionando a tu familia. En algunos casos, si se rompe esa norma, la consecuencia es una alteración en las relaciones familiares.

Cuando en una relación hay violencia doméstica, hablar con los amigos o con la familia sobre los maltratos quizá parezca una traición a tu pareja. Aunque a lo mejor seas consciente de que el comportamiento de tu pareja es inapropiado, puede que no estés preparado para dejarla. Contárselo a alguien puede dar pie a que los demás te presionen para que actúes.

Enseñar a los niños a guardar secretos es perjudicial para su crecimiento y desarrollo. En resumidas cuentas, tanto los niños como los adultos deberíamos sentir suficiente seguridad para hablar sobre lo que ocurre en nuestros hogares.

CÓMO LOS ESCENARIOS TRAUMÁTICOS INFLUYEN EN NUESTRA CAPACIDAD PARA ESTABLECER LÍMITES

Ejemplo número 1

En tu relación de pareja, siempre que intentas decir lo que piensas, tu voz parece ofensiva o «estúpida». Durante las discusiones, tu pareja te insulta y te menosprecia.

Consecuencia

Es probable que dejes de decir lo que piensas a tu pareja y a los demás, porque quieres evitar conflictos.

Ejemplo número 2

Cuando eras pequeño e intentabas contarle algo a tu madre, ella siempre te ignoraba o enseguida intentaba que pararas de hablar. Ni siquiera reaccionaba en los casos en los que tal vez necesitabas su apoyo, como cuando tenías problemas con tus compañeros de la escuela.

Consecuencia

Has desarrollado la creencia de que tu voz no es importante. Así pues, te guardas las cosas para ti mismo.

Ejemplo número 3

En la universidad te acosaron sexualmente. El acosador te dijo: «Nadie te va a creer, porque estabas borracha».

Consecuencia

No has vuelto a beber, y tampoco sales con hombres, porque no te fías de ti ni de los demás.

AUTOCUIDADO

Si has experimentado contradependencia, abusos (sexuales, físicos o verbales) o desatención (emocional o física), es probable que te cueste muchísimo cuidar de ti mismo.

Qué ocurre cuando practicas el autocuidado

- Te pones expectativas razonables en el momento de cuidar de los demás y de estar allí para ellos.
- Mantienes una buena salud mental.
- Tienes el papel de hijo, en lugar del de padre de tus padres.

- Tienes el papel de hermano, en lugar del de padre de tus hermanos.
- Pides lo que necesitas.
- Te pasas las vacaciones haciendo cosas que disfrutas.
- Dejas a los demás espacio para que cuiden de sí mismos.
- Hablas menos con la gente que te agota la energía.
- Tienes claro quién eres, más allá de lo que te han hecho pensar de ti mismo.
- No utilizas tu pasado como una razón para evitar actuar.
- Hablas sobre tus sentimientos.
- Te permites sentir placer.
- Cuentas la verdad de tu pasado sin edulcorar las experiencias.
- Eres amable contigo mismo.
- Te enseñas cosas que no te enseñaron durante la infancia.
- Aprendes a disfrutar de tu cuerpo.

Cómo ocuparse de los problemas y entender los de los demás

Cambiar es posible siempre, independientemente de lo que hayas tenido que vivir. Si ves que tus límites son rígidos, ten en consideración el modo en que puedes crear límites más saludables.

Por ejemplo, es posible cambiar un tipo de apego cuando eres consciente y estás preparado para hacer el trabajo de modificar «partes» de tu ser. Si evitas comprometerte con otra persona, piensa en los beneficios de una relación con compromiso. En lugar de seguir por el camino que te ha hecho sentir seguro en el pasado por culpa de tus traumas, decide hacer algo diferente. Empieza compartiendo más información. Pide a los demás ayuda con cosas que normalmente harías por tu cuenta. Apóyate en la naturaleza recíproca de las relaciones saludables y ábrete a la otra persona para así construir una conexión.

Si mantienes una relación con alguien que tiene problemas de apego, en lugar de aceptarlo, abórdalo. Dile lo que estás observando. Puede que incluso no esté de más compartir tu hipótesis acerca de la conducta de la otra persona. Si no dices lo que piensas, la relación seguirá sin ser saludable, a no ser (y hasta) que se traten los problemas subyacentes.

Si la persona con quien tienes una relación ha sufrido algún trauma, no intentes solucionarlo tú. Dile lo que ves y derívalo a un profesional de salud mental.

PREGUNTAS PARA REFLEXIONAR

- ¿De qué maneras ha influido tu trauma en tu capacidad para establecer límites?
- ¿Qué palabras puedes usar para tranquilizarte y decirte que no pasa nada si implementas los límites y las expectativas que necesitas para sentirte seguro?

¿Qué estás haciendo
para respetar tus límites?

> Antes de enseñar a los demás a respetar nuestros
> límites, debemos aprender a respetarlos nosotros.

Kyle recibió un aumento de sueldo y en cuanto el dinero aterrizó en su cuenta bancaria, fue a comprarse un coche nuevo. Pensaba firmemente que se merecía el coche por lo mucho y lo bien que había trabajado ese año. Creía en el trabajo duro y en las recompensas. De hecho, siempre que le daban un bono o un aumento, se hacía un regalo caro: relojes, ropa de marca y, a veces, vacaciones.

A pesar de lo que parecía, sin embargo, Kyle apenas llegaba a fin de mes y se ahogaba en sus deudas con la tarjeta de crédito, que ascendían a veinticinco mil dólares. No tenía ahorros y a menudo le pedía dinero a su padre para no hundirse. Detestaba la idea de no poder despilfarrar como quisiera, pero acababa sufriendo las consecuencias de esa actitud.

Kyle empezó a verme obligado por su padre después de verse acuciado por las letras de su coche. Su padre aceptó echarle una mano con sus finanzas. Kyle llegó bien vestido y desprendía inteligencia, pero estaba arruinado.

Al principio, fue reacio a abrirse ante mí, porque no veía la necesidad. Creía que, si conseguía superar los siguientes meses, todo iría bien. «¿Cuántas veces te has dicho ya lo mismo?», le pregunté.

Se quedó boquiabierto. Era consciente de que tendía a derrochar, pero tuvo que admitir que, cuando su situación económica se ponía muy fea, siempre se decía: «Solo tengo que superar los próximos meses y ya está». Por desgracia, esos meses se convirtieron en años de despilfarros y en la necesidad de que su padre lo rescatara. Cuando Kyle ganaba más dinero, se lo gastaba en algo mayor y mejor que la vez anterior.

Kyle era incapaz de decirse que no a sí mismo. Pensar en privarse de ciertas cosas le daba escalofríos. En la segunda sesión, le pedí que hiciera una lista de sus metas económicas a largo plazo. En ella, incluyó ahorrar para la jubilación, comprarse una casa, terminar de pagar el coche y jubilarse pronto. Después de elaborar la lista, le pregunté: «Vale, ¿y cómo piensas conseguir esos objetivos?».

Kyle me dijo que eran metas a largo plazo, no algo que fuera a lograr en el futuro inmediato. Tras hablar mucho con él, me enteré de que ya se había puesto esos mismos objetivos cinco años atrás, pero no había dado ni un solo paso para conseguirlos.

Eran metas inalcanzables, porque no se había puesto unos límites saludables con su economía. Mientras siguiera gastando el dinero que ganaba, no iba a ser capaz de dejar de vivir al día. Sabiendo que tenía unos objetivos para gastar el dinero con más inteligencia, comenzamos a hablar de los límites útiles que podrían ayudarle a conseguirlos, como ahorrar, gastar menos y retrasar las recompensas.

LA IMPORTANCIA DE TENER LÍMITES CONTIGO MISMO

Es muy difícil cambiar tus hábitos si no cambias las creencias subterráneas que te condujeron a las conductas pasadas que deseas cambiar. Tienes una nueva meta y un nuevo plan, pero no te has transformado a ti mismo.

JAMES CLEAR

Cuando reflexionamos sobre los límites, tendemos a pensar en lo que deben hacer los demás para mejorar algo de nuestra vida. Si bien es cierto que la gente influye en nosotros, todos tomamos decisiones personales a diario que afectan a la calidad de nuestras vidas y a quiénes somos. Con los límites propios nos influimos a nosotros mismos.

Kyle escogía ser un manirroto, y él era el único responsable de esa elección. Era él quien decidía comprar cosas que no podía permitirse, así que debía establecerse límites a sí mismo y a su despilfarro si quería ser más saludable y alcanzar sus objetivos económicos.

Los problemas financieros de Kyle no eran para nada singulares. Según la página web Debt.org, en Estados Unidos cualquiera tiene de media una deuda de crédito de 8.398 dólares, y cuenta por lo menos con cuatro tarjetas de crédito.[1] La deuda total de los consumidores estadounidenses asciende a 13,86 billones de dólares, que incluyen hipotecas, préstamos personales, tarjetas de crédito y préstamos estudiantiles. Según un estudio reciente de Charles Schwab, el 59 % de los estadounidenses vive al día y tiene problemas para llegar a fin de mes.[2]

Demasiados estadounidenses viven sin ahorros, sin fondos para emergencias ni para la jubilación. Cuando tienen un ligero contratiempo económico, todo se les viene abajo.

Es un problema de límites, porque nos falta la voluntad de decir que no a eso que deseamos. Pero es que decir que sí a cualquier deseo, sin ningún límite, es muy peligroso. Y no sucede porque queramos dañarnos a nosotros mismos, sino porque no tenemos límites propios saludables.

La capacidad para decirte que no a ti mismo es un don. Si consigues dominar tus deseos, cambiar de hábitos y decir que sí solo cuando consideras algo verdaderamente necesario, estás practicando unos límites saludables. Cuidar de ti mismo sin inventarte excusas es tu responsabilidad.

Veamos una lista de algunas áreas en que son útiles los propios límites

- Tus finanzas.
- La gestión de tu tiempo.
- El autocuidado.
- El trato que permites que te den los demás.
- Tus pensamientos (sí, puedes dejar de hablarte de modo desagradable, igual que puedes impedir que una persona sea cruel contigo).
- Tus reacciones.
- La gente a la que permites estar en tu vida.

Finanzas

Kyle, y solo Kyle, puede cambiar su forma de entender sus finanzas y de gastar su dinero. En nuestras sesiones, hablamos de la diferencia entre las creencias útiles y las creencias dañinas. Kyle era consciente de que sus creencias sobre el dinero eran destructivas, ya que debía pedir préstamos, estaba endeudado y no llegaba a fin de mes, a pesar de que su sueldo era decente. En el trabajo que hicimos, empezó a adoptar creencias más útiles acerca del dinero, por ejemplo: «No tengo que gastar hasta el último céntimo que gano».

Y también comenzó a inventar límites para sí mismo, como los siguientes:

- «Voy a ahorrar un 10 % antes de comprarme algo nuevo».
- «Voy a destinar un presupuesto para mis gastos y usaré ese presupuesto como guía para controlar las compras impulsivas.»
- «No voy a gastar más sin haber ahorrado, aunque gane más que antes.»

Los nuevos límites de Kyle le dieron una estructura para gestionar su dinero. Antes de ponérselos, no pensaba más allá del momento actual, por lo que después sufría las consecuencias. Aunque imponerse límites en sus finanzas le creara restricciones, también le proporcionó alivio y lo ayudó a dirigirse poco a poco hacia sus objetivos económicos.

Otro límite crítico en cuanto a las finanzas es aprender a decir que sí y que no a la gente que pretende utilizarte como recurso económico.

Qué límites tener en cuenta

- «No le prestaré dinero a nadie si no puedo permitirme dárselo como si se lo regalara.»
- «Solo avalaré un préstamo a alguien en las siguientes condiciones...»
- «No voy a avalar a nadie.»
- «Voy a estipular una cantidad de ahorros de emergencia.»

Recuerda que la gente puede pedirte lo que sea, pero de ti depende decir que no para respetar tus límites o ponerte límites sobre la ayuda máxima y mínima que quieres dar.

La gestión de tu tiempo
La falta de autodisciplina es consecuencia de una falta de límites propios.

En este preciso momento, en el móvil tengo un protector de pantalla que reza así: «No tengo tiempo para perder el tiempo». Me he puesto este recordatorio para evitar perder un tiempo muy valioso mirando las redes sociales, comprando por internet o leyendo páginas web. Hacer esas cosas no está mal, pero para mí es vital utilizar mi dispositivo con cierto propósito. Me reservo un tiempo para mirar las redes sociales, para comprar por internet y para leer páginas web cuando considero que tiene sentido. Procuro evitarlo cuando en teoría debería estar haciendo otra cosa; escribiendo un libro, por ejemplo.

Me encanta leer artículos y libros, y escuchar pódcast sobre cómo gestionar el tiempo. Si soy sincera, sin embargo, todos dicen lo mismo: ten cuidado con las distracciones, organízate bien y evita lo que te haga perder el tiempo. Resumiendo: los límites que pongas para gestionar tu tiempo son la solución a los problemas que tengas para gestionar tu tiempo.

Qué límites tener en cuenta

- Admitiré que no puedo con todo. Dejaré de intentar hacerlo todo y me pondré con aquello que pueda sin sobrecargarme. Antes de decir que sí a cualquier petición, echaré un vistazo a mi agenda.
- Me organizaré para llegar a tiempo, dándome más plazo del que necesito.
- Delegaré lo que pueda, sobre todo, las cosas que no tengo por qué hacer yo.
- Me pondré un horario, lo escribiré y me atendré a él religiosamente.
- Me organizaré el día.
- Haré planes realistas para evitar distracciones.

Si te cuesta gestionar tu tiempo, hazte la siguiente pregunta: «¿Qué estoy haciendo ahora y qué me gustaría estar haciendo en su lugar?». Crea nuevos límites (hábitos y normas) y afánate en convertirte en la persona que quieres ser.

El autocuidado

El autocuidado es la manera en que nutres y restauras tu mente, tu cuerpo y tu espíritu. La parte clave de esta palabra es *auto-*; es decir, disponer de tiempo para cuidar de ti mismo depende completamente de ti.

No confundas el autocuidado, sin embargo, con cubrirte de regalos lujosos y consentirte. Habrá ocasiones en que tal vez lo hagas como parte de tu «régimen de vida», pero los actos de verdadero autocuidado tienen poco que ver con gastar dinero. Más bien se trata de poner límites para quererte y cuidarte.

Qué límites tener en cuenta

- Diré que no a lo que no me gusta.
- Diré que no a lo que no contribuya a mi crecimiento personal.
- Diré que no a lo que me robe un tiempo precioso.
- Pasaré mi tiempo con personas saludables.
- Reduciré mis interacciones con la gente que me agota la energía.
- Protegeré mi energía de aquellos que amenazan mi cordura.
- Pensaré frases motivadoras positivas.
- Me permitiré sentir y no juzgaré mis sentimientos.
- Me perdonaré cuando cometa un error.
- Cultivaré activamente la mejor versión de mí mismo.
- Apagaré el móvil cuando sea apropiado.
- Dormiré cuando esté cansado.
- Me ocuparé de mis asuntos.
- Tomaré decisiones duras porque son saludables para mí.

- Dejaré espacio para actividades que me proporcionen felicidad.
- Diré que sí a aquellas actividades que me interesan, a pesar de la ansiedad que sienta por el mero hecho de hacerlas.
- Viviré experiencias a solas, en lugar de esperar a que venga la persona «adecuada» para vivirlas conmigo.

El trato que permites que te den los demás

¿Por qué permites que los demás se aprovechen de ti?

«La gente siempre se aprovecha de mí.» Es una frase que oigo muy a menudo en mi despacho. Pero ¿en realidad es así? La pregunta clave es esta: ¿cómo permites que los demás se aprovechen de ti?

Dejar claro cómo quieres que te traten es tu responsabilidad. Al fin y al cabo, la gente entiende cómo eres al ver qué toleras en vuestra relación. Diles y enséñales cómo quieres que te traten y dale forma tratándote bien a ti mismo.

Qué límites tener en cuenta

- Cuando alguien me levante la voz, le diré que no está bien.
- Abordaré los problemas cuando surjan, en lugar de dejar que se enquisten.

- Cuando se transgreda un límite, definiré con claridad mis expectativas comunicándome desde el principio y a lo largo de la relación. Por ejemplo: «Preferiría que habláramos de las cuestiones importantes en persona y no por mensajes».
- Cuando vea que alguien intenta manejarme para intentar que me sienta culpable o que relaje mis límites, lo interpretaré como una manipulación y defenderé mis límites.
- Cuando alguien diga algo sobre mí que no es verdad, le corregiré de inmediato. Por ejemplo, si me dicen: «Siempre llegas tarde», responderé: «He llegado tarde hoy. Y ha habido otras veces, como cuando..., que sí fui puntual». No discutiré, solo manifestaré lo que sé que es cierto.

Tus pensamientos

Sí, igual que puedes impedir que una persona te hable de una manera en concreto, puedes dejar de hablarte a ti mismo de una manera en concreto. ¿Cuáles son los principios que tienes en cuenta al hablar contigo mismo (en tus reflexiones y diálogos internos) y de qué modo te hablas a ti delante de los demás?

Aunque esté trillado, motivarte a ti mismo puede ser muy beneficioso.

Mantras para ser amable contigo mismo

- «Todo va a salir bien.»
- «He hecho todo lo posible.»
- «No me merecían.»

Redirecciona esa energía hacia tu interior, poniéndote un límite para hablarte de una manera amable, suave y cariñosa.

Hacer comentarios autocríticos es otro modo de hablar mal de ti mismo. Cuando haces un comentario desdeñoso o una broma cruel sobre ti, das permiso a los demás para que hagan lo mismo. Así pues, ten muy presente lo que dices sobre ti delante de la gente.

Qué límites tener en cuenta

- Me hablaré con la misma amabilidad con la que hablaría a un niño pequeño.
- Me apoyaré a mí mismo en los momentos más extraños.
- Me permitiré cometer errores sin juzgarme con severidad.
- No me insultaré.
- No haré un comentario mezquino sobre mí ni en mi cabeza ni en voz alta, delante de la gente.

Tus reacciones

Prométete que pondrás límites en lo que a tu manera de responder a una situación se refiere. Sé que quizá sea difícil, porque las cosas pasan sin que te las esperes y la gente puede provocar tu histeria en un momento dado, pero que estés enfadado no significa que debas chillar.

Gritar es la manera en que eliges mostrar que estás molesto. Y hay mucha gente molesta que elige llorar, respirar hondo, marcharse o llamar a un amigo para procesar sus sentimientos. Tú decides cómo quieres lidiar con las emociones y las experiencias incómodas.

Que límites tener en cuenta

- Cuando esté enfadado, no le haré daño a nadie ni cargaré contra ningún objeto.

- Si siento la necesidad de llorar, me permitiré hacerlo.
- Cuando me sienta turbado, me alejaré de la situación y me concentraré en mi respiración hasta que me haya calmado.

La gente a la que permites estar en tu vida

«Siempre acabo saliendo con hombres infieles», me dijo Nancy durante una sesión. Eran su tipo, mujeriegos a los que luego ella intentaba cambiar. No era consciente de que, al seleccionar el mismo tipo de hombre una y otra vez, abría las puertas a una dinámica que, por lo que afirmaba ella, no quería.

Según el Statistic Brain Research Institute:[3]

- El 57 % de los hombres admiten haber sido infieles en algún momento de sus vidas.
- El 54 % de las mujeres admiten haber sido infieles en una relación o en más de una.
- El 22 % de los hombres casados admiten haber tenido una aventura por lo menos una vez durante su matrimonio.
- El 14 % de las mujeres casadas admiten haber tenido una aventura por lo menos una vez durante su matrimonio.

No todo el mundo es infiel, ¡claro que no! Sin embargo, Nancy se liaba repetidamente con hombres infieles. A pesar de ver con claridad la bandera roja que suponía salir con alguien que no era saludable, ella le llevaba la contraria a su buen juicio y salía con chicos que no eran buenos para ella (y lo sabía). Y en cada ocasión esperaba que la situación terminara de manera distinta. Como no era así, acababa haciéndose la misma pregunta una y otra vez: «¿Por qué todo el mundo me pone los cuernos?».

La respuesta es que los límites de Nancy eran porosos. Permitía que la gente hiciera cosas que a ella no le gustaban. Y después estaba resentida y enfadada. Cuando vino a verme, sin embargo, por fin estaba preparada para iniciar una relación saludable.

En conclusión, no debes mantener una relación con un tipo de persona que no te gusta. Hacerlo es tu elección. Hasta cierto punto, puedes seleccionar y crear los tipos de relaciones que quieres si acatas los límites que harán que tu vida sea más fácil. Si ves que siempre atraes al mismo tipo de personas, pregúntate lo siguiente:

- ¿Qué tengo que atraiga a esta clase de personas?
- ¿Qué está intentando enseñarme esa persona sobre mí mismo?
- ¿Qué estoy intentando con esta relación?

Qué límites tener en cuenta

- Elaboraré una idea del tipo de personas que quiero tener en mi vida.
- Cuando advierta problemas en mis relaciones, me respetaré y diré lo que pienso.

DEFENDER LOS LÍMITES

Si queremos que la gente respete nuestros límites, quizá debamos repetírselos.

Como ya he dicho, poner un límite no es más que el primer paso para implementarlo. El paso siguiente, y a menudo el más complicado, es actuar en consecuencia si alguien lo transgrede. Por ejemplo, pongamos que le has dicho a tu madre que quieres que te llame antes de visitarte, pero suele presentarse sin avisar. Es importante que seas fiel a tu límite y que impongas una consecuencia. Si no lo respetas y permites que tu madre lo transgreda, seguirá haciéndolo, y lo más probable es que tú acabes resentido con ella.

Seguro que estás pensando: «¡Pero es mi madre! No puedo imponerle una consecuencia a mi madre». Sí, sí que puedes. Con los límites siempre tienes opciones, aunque estas te hagan sentir incómodo. Quizá no quieras fingir que no estás en casa. Pero piensa en la posibilidad de abrir la puerta y decir: «Mamá, te dije claramente que quiero que me llames antes de venir. Ahora no puedo recibirte. ¿Quieres que busquemos otro momento para vernos, más conveniente para ambos?».

Si no respetas tus límites, los demás tampoco lo harán.

Si no respetas tus límites, los demás tampoco lo harán. No es lícito que le digas a un amigo: «Esta noche quiero que no sobrepases nuestro máximo de tres copas» si luego tú te tomas cinco. En ese caso, no estás dando forma a lo que has pedido. Muestra los límites que quieres ver en el mundo.

Otra manera de defender tus límites es decir que no más a menudo, reconocer que decir «no» a alguien es decirte «sí» a ti mismo. Establece un límite para decir que no cuando no puedes acceder a una petición, cuando no quieres hacerla o cuando llevarla a cabo suponga quitarte el tiempo que tienes para hacer lo que te gusta.

Si has dicho que no y los demás no te hacen caso, diles que paren de pedírtelo. Eso es, diles que paren. Recuerda que la gente va a seguir pidiéndotelo porque espera que tarde o temprano le digas que sí. Por otro lado, asegúrate de que no das falsas esperanzas con un *quizá* o un *ya veremos*; ninguna de esas dos opciones significa que no. Si expresas con claridad que no quieres hacer algo, di *basta* cuando la gente sigue solicitándote algo a lo que tú ya te has negado.

Ten en cuenta que...

- Cuando aceptas llevar a cabo actividades que no disfrutas, te estás quitando tiempo para ti.
- Cuando te distraen los asuntos de los demás, te estás quitando tiempo para ti.
- Cuando inviertes un tiempo que no te sobra, te estás apartando de tus objetivos.

¿Qué ocurre cuando te dices que sí a ti mismo?

- Te abstienes de ver otra hora de televisión cuando sabes que debes madrugar.
- Bebes suficiente agua.
- Dices que no a las invitaciones que no te apetecen.
- Acatas un presupuesto mensual.
- Haces varias pausas y no trabajas hasta la saciedad.
- Te tomas unas vacaciones asequibles.
- Te permites sentir tus emociones sin juzgarlas como buenas o malas.
- Te pones una alarma de «no molestar» en el móvil a partir de las ocho de la mañana.
- Cuidas de tu salud física yendo al médico y tomando los medicamentos que te prescribe.
- Cuidas de tu salud mental yendo a terapia.
- Descansas cuando tu cuerpo lo necesita.
- Lees por placer, no con la intención de crecer o de adquirir una nueva habilidad.
- Encuentras maneras saludables de gestionar tus sentimientos.

- Tienes unos buenos hábitos económicos, como pagar las facturas a tiempo y no endeudarte comprando cosas que no necesitas, o que pueden esperar hasta que de verdad te las puedas permitir.

CUMPLE CON LA PALABRA QUE TE DAS

Ponerte límites a ti mismo es un acto consciente que hará más fácil tu vida. Las normas parecen restrictivas, pero cuando las creas puedes incluir matices en ellas. Por lo tanto, tener límites contigo mismo no es una restricción. En cambio, te ayudará a conseguir tus objetivos, a construir relaciones saludables y a vivir de acuerdo con tus valores. Cuando no cumples con la palabra que te has dado, te lanzas al autosabotaje, a traicionarte a ti mismo o a complacer a todo el mundo.

Autosabotaje
- Procrastinar.
- Acercarte a un objetivo y abandonarlo.
- Quedarte en relaciones que no son saludables.
- No cumplir con la palabra dada.
- Establecer metas nada realistas.
- No intentarlo.
- Soltar una narrativa (una historia) negativa sobre ti mismo y sobre tus habilidades.

El autosabotaje no es más que una manera de faltar a los límites que nos hemos puesto a nosotros mismos. Se trata de abandonarse a comportamientos no saludables que nos impiden conseguir lo que queremos. El autosabotaje empieza ya en el modo en que nos hablamos.

Por ejemplo, a veces nos convencemos para no intentar algo antes de comenzar. En cuanto empezamos a hablarnos negativamente, nos atenemos a esos pensamientos negativos como si fueran la verdad absoluta. Quizá digamos «no puedo», pero somos capaces de conseguir más de lo que creemos. La narrativa del *no puedo* conduce a la procrastinación, a no intentarlo, a abandonar, a ponerse metas poco realistas o a mantener diálogos internos negativos.

En la historia que cuentas sobre ti mismo, incorpora, pues, la narrativa del *sí puedo*. No abandones antes de empezar. Aquí tienes varios ejemplos de lo que no hay que decir:

- «Voy a intentar no beber durante treinta días».
- «A ver cuánto tiempo aguanto bebiendo más agua.»
- «Les contaré mis límites, pero estoy seguro al cien por cien de que no me van a hacer ni caso.»

Dicho de otra manera, utiliza un lenguaje directo sin que haya incertidumbre acerca de lo que va a suceder. Aquí tienes ejemplos asertivos de sentencias sobre los propios límites:

- «Voy a dejar de beber durante treinta días».
- «Puedo cambiar de hábitos.»
- «Beberé más agua a partir de hoy.»
- «Soy capaz de seguir adelante.»
- «Respeta mis límites, por favor.»

Confiar en tus límites es la cura para el autosabotaje.

Traicionarte a ti mismo
- Cambiar quién eres y en qué crees para así poder mantener una relación con alguien.
- Fingir ser una persona diferente de quien eres en realidad.

- Compararte con los demás (amigos, familiares, desconocidos de internet, una versión pasada de ti mismo...).
- No lograr defender tus valores de manera consistente.
- Hacer comentarios negativos sobre los demás en tu propia cabeza.

Con la autotraición, nos faltamos a nosotros mismos, al no llegar a vivir según nuestros principios, o al no llegar a actuar como seres humanos auténticos. Y entonces llega la culpa, porque en el fondo sabemos que actuamos de un modo falso. En una relación saludable, es aceptable que seas como de verdad eres.

Complacer a todo el mundo

Complacer a todo el mundo es hacer que los demás sean felices aun a costa de nuestra propia felicidad. Ocurre cuando queremos que nos acepten.

Quienes desean complacer a todo el mundo asumen que a los demás no les hará ninguna gracia que ellos defiendan sus intereses. De ahí que finjan seguirles la corriente para ser aceptados. Sin embargo, la gente saludable valora la sinceridad y no nos va a abandonar por decir que no.

Por ejemplo, Charlotte me preguntó: «¿Pasa algo si le pido a la gente que deje de preguntarme cuándo me voy a casar?». ¡No! Su vida no es un libro abierto. No tiene por qué responder a ninguna pregunta que le haga sentir incómoda.

No pasa nada si creas límites sobre lo que le vas a contar a la gente. Por ejemplo, no tienes por qué explicar nada de lo siguiente:

- Por qué no te has casado aún.
- Tu estado civil.
- Cuándo vas a tener un hijo.
- Si ya tienes un hijo, cuándo vas a tener otro.
- Qué harás con tu vida a continuación.

- Cómo inviertes tu tiempo.
- Cuánto dinero ganas.
- Cómo gastas tu dinero.
- Tu estilo de vida.
- Tu peso (adelgaces o engordes).
- Añade un ejemplo personal: _____
- Añade otro ejemplo: _____

Tú debes decidir qué es lo que quieres compartir sin sentirte incómodo, así como a qué persona quieres contarle detalles personales. En Instagram, a menudo, me formulan preguntas muy personales y cuando no quiero responderlas, tengo todo el derecho del mundo a ignorarlas.

Si no quieres responder a una pregunta, prueba a hacer lo siguiente:

- Responde con otra pregunta: «Qué pregunta tan interesante; ¿qué te ha llevado a hacérmela?».
- Dale la vuelta y haz tú la pregunta: «¿Tú quieres tener más hijos?».
- Pasa de puntillas por la cuestión y cambia de tema: «El dinero siempre es un asunto interesantísimo. ¿Qué estás viendo ahora en Netflix?».
- Sé directo: «No me siento cómodo respondiendo a esa cuestión».
- Deja claros tus límites: «No me gusta que la gente me hable sobre mi peso».

Recuerda que las conversaciones que estás dispuesto a mantener con los demás son decisión tuya.

Actualizar tus límites

Como seres humanos que somos, cambiamos constantemente, y nuestros límites cambian con nosotros. No pasa nada si, en una relación, cambia tu tolerancia hacia ciertos aspectos. Puedes crear nuevas expectativas. Cuando te ocurra, di: «... ya no me va bien; preferiría...».

También puedes relajar los límites que te pusiste previamente. Por ejemplo, si decides que no vas a quedarte trabajando hasta pasadas las seis de la tarde, en algún momento puedes quedarte más, si así lo deseas.

Ten en cuenta estas preguntas:

- ¿Qué me ha llevado a cambiar mis límites?
- ¿Es un cambio temporal o permanente?
- ¿Cómo va a influir el cambio de este límite en los objetivos que me he marcado?
- ¿Cambiar mi límite hará que siga respetando quién soy en mis relaciones?

Volver a expresar tus límites

Con el tiempo, los demás dan por sentado que tus límites con ellos han caducado. Recuérdales (y recuérdate) tus expectativas, y también por qué las estableciste. Debes saber que los cambios que ves en la otra persona son una consecuencia directa de los límites que te has puesto en esa relación.

Si a medida que pasa el tiempo te ves incumpliendo los límites que te marcaste, recuérdate cuán positivamente han influido en tu vida. Vuelve a comprometerte con ellos y sigue respetándolos.

En este capítulo, hemos identificado los límites difusos y los problemas que surgen cuando no somos claros sobre nuestras expectativas. Los ultimátums suelen interpretarse como algo negativo en una relación, pero he descrito algunas maneras de usarlos a tu favor.

Por otro lado, los límites no son muros. Un muro te aparta de una persona, mientras que los límites le enseñan cómo mantener una relación contigo.

Si la primera vez que estableces un límite no lo consigues, hay maneras de volver a intentarlo.

No vas a cambiar a los demás, pero sí puedes cambiar...

- Cómo bregas con ellos.
- Lo que decides aceptar.
- Cómo reaccionas.
- Con qué frecuencia interaccionas con ellos.
- Cuánto espacio les permites ocupar.
- En qué participas.
- Qué papel ocupan los demás en tu vida.
- Con qué gente mantener el contacto.
- A quiénes permites estar en tu vida.
- Tu perspectiva.

LA CONSISTENCIA ES LA CLAVE

De vez en cuando, quizá no respetes tus propios límites. Pero cuando te encuentres en un embrollo, sal de ahí. Sé que del dicho al hecho hay un trecho, pero recuerda que no tienes por qué comprometerte a ser impasible. En cuanto empieces a darte cuenta de que no estás respetando tus límites, vuelve enseguida a cumplir con la palabra que te has dado.

Si te etiquetas como una persona que no cumple su palabra,

acabarás siendo una persona que incumple su palabra. Por lo tanto, cambia la narrativa sobre quién te dices a ti mismo que eres y elimina las connotaciones negativas. Y di: «Soy una persona que sí cumple».

> La forma máxima de motivación intrínseca se da cuando un hábito se convierte en parte integral de tu identidad. Una cosa es decir «soy el tipo de persona que *quiere* esto»; otra muy distinta es poder decir «soy el tipo de persona que *es* esto».
>
> JAMES CLEAR, *Hábitos atómicos*

EJERCICIO

En tu diario, o en una hoja de papel aparte, completa el siguiente ejercicio.

- ¿Qué clase de persona quieres ser? Sé quien quieres ser y presenta esa versión de ti mismo al resto del mundo.
- En una hoja de papel aparte, elabora una lista de límites que te gustaría ponerte. Por ejemplo: «Ahorrar más». Al lado de cada elemento de la lista, identifica un paso factible que te ayudaría a defender tu límite. Por ejemplo: «Abrir una cuenta de ahorro e ingresar treinta euros cada mes».

SEGUNDA PARTE

Así es como se establecen los límites

La familia

> Crear y mantener unos límites saludables
> es amar por tu propio bien.

James se había cansado de estar en medio de las peleas entre Debra, su madre, y Tiffany, su mujer. Lo único que quería era que las dos se llevaran bien. Tiffany siempre se quejaba de su madre, y su madre siempre se quejaba de lo dolida que se sentía con Tiffany. James intentaba gestionar a ambas escuchándolas sin tomar partido.

A Tiffany no le hacía ninguna gracia que James no pusiera a su madre en su sitio. Le permitía actuar como un miembro más del matrimonio. Todas las decisiones que tomaba la pareja pasaban primero por Debra. A James se le daba fatal esconder que el consejo de su madre acababa dando forma a la opinión que terminaba por tener. La adoraba; desde su punto de vista, Debra era inteligente, exitosa, responsable y daba muy buenos consejos. Tiffany, por su parte, veía a Debra como una mujer manipuladora, controladora y pasivo-agresiva.

Tiffany siempre había soñado con tener una suegra que fuera una segunda madre para ella. Pero ya desde el primer momento en que conoció a Debra, cuando llevaba siete meses saliendo con James, la madre de este dejó clarísimo que ella era la mujer más importante de la vida de su hijo. James recurrió a ella para que los ayudara a pagar la boda y a dar la paga y señal para la casa que se querían comprar, y le pedía su opinión en muchas decisiones económicas, ya fueran trascendentales o triviales. En los cinco años que llevaban casados, más los dos de novios, Tiffany había intentado lidiar con Debra y le había pedido a James que llevara las riendas de la situación, pero él no se ponía firme. Su madre siempre se salía con la suya.

Tiffany empezaba a estar resentida con su marido por no confrontar a su madre. Como consecuencia de ese resentimiento, comenzó a huir de ella, a faltar a reuniones familiares y a irse a su habitación cuando Debra les hacía una visita. Ahora que James y Tiffany estaban pensando en formar una familia, quería que su marido por fin se pusiera límites con su madre. Al final, Tiffany y James decidieron ir a terapia para hablar de cómo influía Debra en su matrimonio.

Las primeras sesiones fueron durillas, porque Tiffany me contó problemas pasados con Debra, y James defendió el honor de su madre. En la tercera sesión, hice la siguiente declaración: «Tal vez deberíamos concentrarnos en las necesidades de las dos personas aquí presentes». Ese comentario nos ayudaba casi siempre, pero a veces Debra seguía entrando en la sala como una tercera fuerza invisible. Cuando ocurría, les pedía a James y a Tiffany que tuvieran en cuenta el impacto de una persona que no estaba físicamente presente, pero sí emocionalmente presente en todo momento en su matrimonio. Me di cuenta de que la mayoría de las peleas de la pareja se debían a Debra, y no a nada que se estuvieran haciendo el uno al otro.

En el tiempo que pasamos juntos, hablamos de la importancia de mantener la integridad de la relación y, por lo tanto, de no compartir demasiada información con terceros. La pareja creó límites acerca de los temas que querían guardarse para sí misma, las ocasiones en que quería contarle algo a los demás y la manera en que hablaría sobre su matrimonio con la gente.

Al principio, a James le costó mucho, porque estaba acostumbrado a contárselo todo a su madre. Las primeras veces, cedió ante Debra cuando esta le pidió más información para organizarse la agenda. Parecía saber qué decir exactamente para lograr que James la obedeciera. Tras unas cuantas pifias, él empezó a prepararse para hacer frente a la táctica de su madre. Con el tiempo, defendió sus expectativas con firmeza.

Mientras James aprendía a establecer límites y a ser firme, trabajé con Tiffany para que utilizara un lenguaje motivador y apoyara a su marido ahora que este estaba cambiando la relación que mantenía con su madre. A James le costaba mucho adoptar el papel de adulto con Debra. Su madre le había dicho hasta la saciedad que ella sabía más que su hijo y que quería lo mejor para él, y a James le daba miedo que poner límites a Debra supusiera apartarla de su lado. No había pensado en la posibilidad de marcar unos límites y, al mismo tiempo, seguir con la relación estrecha que tenían, y solucionar a su vez los problemas de su matrimonio y la brecha entre Tiffany y Debra. Su madre quería lo mejor para James, pero quizá lo mejor para él fuera tener límites con ella.

TE CONVIERTES EN ADULTO CUANDO MARCAS LÍMITES A TUS PADRES

Los hijos adultos superan los dieciocho años. Aunque seas mayor de edad y vivas con tus padres, legamente eres adulto y el acceso que tienen ellos a tu vida cambia. Por supuesto, vas a tener que acatar los límites de tus padres si vives bajo su techo, pero también vas a poder poner algunos propios, aunque a pequeña escala.

Una parte esencial de convertirte en adulto es ser tu propio guía. A medida que estás más cómodo en la adultez, empiezas a alejarte del control que ejercen tus padres sobre ti. En algunos casos, a lo mejor tus padres comentan que ponerse límites es irrespetuoso. Pero si lo haces con cuidado, no tiene por qué serlo. Si te da miedo no ser respetuoso con tus padres, quizá vale más que les digas por qué el límite en cuestión es tan importante para ti.

¿Cómo te enfrentas a la fuerza más influyente de tu vida? ¿Cómo pasas de una relación de hijo «pequeño» a una relación de hijo adulto? Durante toda tu vida, tus padres te han conocido de cabo a rabo. Saben qué decir para que saltes y para que hagas lo que quieren. Es probable que identifiques lo que desean nada más leer su lenguaje corporal o darte cuenta de un cambio en su estado de ánimo.

La mayoría no quiere decepcionar a sus padres. Cuando era pequeña, el peor comentario que llegué a oír de mi madre era este: «Me has decepcionado». Una frase que me rompía el corazón y que lograba que me comportara durante al menos un par de horas. Pero cuando no te pones límites con tus padres, el único que acaba decepcionado, resentido y ansioso eres tú. En algún punto, es saludable que los adultos se pregunten: «¿Qué es lo que quiero yo?».

Señales de que necesitas límites con tus padres

- Tus padres están al corriente de detalles íntimos de tu relación (sobre todo si eso está dañando la relación).
- Tus padres se involucran en las peleas que tienes con otras personas.
- Tus padres no respetan tu opinión.
- Tus padres entran en tu espacio personal sin preguntar.
- Tus padres insisten en que digas que sí a todo.
- Dices que sí a tus padres por obligación, aunque sea inconveniente.

En qué consisten los límites con tus padres

- En expresar tus sentimientos abiertamente.

- En gestionar tu tiempo en la manera que más convenga a tu horario y a tu estilo de vida.
- En no sentirte presionado a asistir a todas las reuniones familiares.
- En decirles las normas que rigen en tu casa.
- En no permitirles que te hagan una visita sin avisar antes.
- En no revelarles detalles íntimos de tu relación.
- En no dar a tus padres una imagen negativa de tu pareja.
- En decir que no.
- En presentarles a tu pareja cuando estás preparado.
- En gestionar tus propias peleas con los demás.
- En dar tu opinión a tus padres.
- En ser transparente con ellos sobre cómo esperas que se lleven con tu pareja.
- En decir que no a los regalos que te dan con la esperanza de lograr una conducta concreta de ti.
- En decirles que no quieres que te pregunten por tu vida sentimental, cuándo vas a tener hijos, cuándo te vas a casar o cualquier otro tema que te haga sentir incómodo.
- En quedarte en un hotel, en lugar de en su casa, cuando vayas a visitarlos.

Cómo verbalizar los límites con tus padres

- «Estoy saliendo con alguien. Cuando lo conozcáis, no le preguntéis cuándo o si nos vamos a casar.»
- «No comeré con vosotros en Navidad porque he decidido celebrarlo con mis amigos.»
- «Antes de venir de visita, me gustaría que llamarais.»

- «Me gustaría expresar mis sentimientos sin que me dijerais que algunas emociones no son lícitas.»
- «Sé que tenéis buena intención y queréis lo mejor para mí, pero necesito gestionar mi relación sin vuestra opinión.»
- «No aceptaré que me dejéis dinero si va implícito cierto interés por que haga algo para ganarme el dinero o si después vais a sacar el tema de que me habéis dejado dinero.»
- «Entiendo lo importante que es para vosotros que esté conectado con la familia, pero necesito tener mis propias ideas sobre cómo mantener la relación sin vuestra opinión.»
- «Cuando tengo problemas con mi hermana, no quiero que os metáis en medio y queráis resolver la pelea. Somos adultos y capaces de poner fin a nuestras diferencias sin vuestra mediación.»
- «Me siento incómodo cuando te oigo hablar sobre la relación que tienes con mamá. Búscate a otra persona a la que contarle eso, por favor.»
- «Soy vegetariano y me gustaría que lo tuvierais presente cuando preparéis la comida de las reuniones familiares.»

Recordatorios importantes

- Es normal y saludable que tengas límites en tus relaciones con la gente (y recuerda que tus padres entran en la categoría de *gente*).

- Comparte tus límites en cuanto te des cuenta de que los necesitas. Así te evitarás las reacciones indeseadas que quizá tengan lugar cuando has dejado pasar las cosas durante demasiado tiempo.
- Establecer límites con tus padres es nuevo para ellos y para ti. Si percibes resistencia, lo más probable es que tan solo se estén adaptando a esa nueva fase de vuestra relación.
- Sé claro y coherente al ejecutar tus límites.
- Es cierto que siempre serás el hijo de tus padres. Sin embargo, evolucionas para convertirte en un adulto con tu propio camino en el mundo.

LOS LÍMITES EN NAVIDADES

En algún punto de tu vida adulta, quizá decidas cambiar tus tradiciones navideñas. A lo mejor quieres celebrarlas en casa solo, o con la familia de tu pareja, viajar, etcétera. Para trazar un plan sobre cómo quieres celebrar una fiesta, empieza pronto. Aunque esperar hasta el último minuto para decirlo pueda irte mejor a ti, comunicar con tan poco margen que no vas a compartir sus planes tal vez provoque más problemas en la familia.

En qué consisten los límites en Navidades

- En pedir a tu familia que se quede en un hotel.
- En quedarte en un hotel cuando visitas a tu familia.
- En tomarte cierto espacio y cierto tiempo para estar a solas si te quedas con tu familia.

- En crear nuevas tradiciones.
- En comprar menos regalos o ajustarte a un presupuesto.
- En no incluir a nadie que haga que tu experiencia navideña sea incómoda.
- En cambiar de tema cuando se menciona alguna cuestión peliaguda.

LÍMITES CON TU FAMILIA POLÍTICA

Si tienes una relación estable (con o sin hijos), no es infrecuente que la familia política provoque tiranteces entre tu pareja y tú. Un día le comenté a un cliente que mi suegra iba a venir de visita y él me preguntó: «¿Te cae bien?». De todos los familiares políticos, las suegras gozan de la mala fama de ser las causantes de más problemas de pareja.

La familia política causa problemas en la relación cuando el hijo adulto no ha puesto límites a sus padres. Como consecuencia, las esposas son a menudo las que deben sobrellevar la carga de establecer límites. La pregunta que me formulan más es esta: «¿Cómo pones límites a los padres de otra persona?». En el libro *Cómo criar bebés y preservar el matrimonio: ría más, pelee menos y comuníquese mejor con su familia*, las autoras Stacie Cockrell, Cathy O'Neil y Julia Stone defienden la necesidad de hablar con tu pareja de los problemas, de decidir mutuamente un plan de acción y de permitir que tu pareja implemente los límites.[1]

Básicamente, tú pones límites a tu familia y tu pareja establece los límites con la suya. Esta opción funciona si tu pareja accede a escuchar los problemas que le cuentas y se siente valiente para actuar con su familia. Si tu pareja no ha establecido un papel de hijo adulto con tus padres, quizá debas ser tú la persona que ponga los límites.

Si no marcas límites con tu familia política, es probable que acabes resentido con tu pareja porque es incapaz de defender vuestra relación y es pusilánime. Solo tienes que hablar con tu familia política sobre límites cuando hayas dejado a tu pareja la oportunidad de verbalizarlos en vuestro nombre.

Te tocará ser muy amable y agradable. Poner límites es una tarea complicada, y ponerlos con la familia es para muchos el ejemplo más difícil. Tu pareja se enfrenta a algo que, sin ninguna duda, es arduo y aterrador.

Señales de que necesitas límites con tu familia política

- Tu familia política se convierte en el centro de tus encuentros familiares especiales (como una boda).
- Te critica o chismorrea sobre ti con los miembros de su familia.
- No le caes bien y te lo ha dicho a las bravas.
- No duda en compartir con tus hijos la mala opinión que tiene de ti.
- Pone en duda tu manera de criar a tus hijos.
- Toma decisiones en nombre de tu familia.
- Anima a tu pareja o a tus hijos a guardar secretos y a no contártelos.
- Se entera antes que tú de algo importante que ocurre con tu pareja.
- Te da regalos con segundas intenciones.
- Le da a tus hijos regalos que sabe que tú no quieres que tengan.
- No respeta la manera en que crías a tus hijos.

En qué consisten los límites con tu familia política

- En dejar clara cuál es tu filosofía educativa.
- En pedir apoyo a tu pareja con un límite que te has puesto con su familia.
- En pedir directamente a tu pareja que establezca límites a su familia.
- En no aceptar regalos si sabes que tienen segundas intenciones.
- En dejar muy claro con tu pareja y con tus hijos que guardar secretos está mal.

Cómo verbalizar los límites con tu familia política

CON TUS SUEGROS

- «Queremos que nuestros hijos nos hablen con libertad. No les aconsejéis que nos guarden secretos.»
- «Sé que os importa nuestra familia, y entiendo que queréis involucraros, pero para nosotros es importante descubrir cómo navegar por nuestra cuenta.»
- «Os agradecemos que queráis ayudarnos económicamente. Cuando nos ayudéis, hacedlo desde el corazón, por favor, y no con la esperanza de que hagamos algo a cambio.»
- «Vosotros criasteis a vuestros hijos de una forma diferente a la nuestra. Os pedimos que respetéis cómo los educamos nosotros y que acatéis lo que deseamos para ellos.»

- «Sé que te llevas genial con tu padre, pero no le cuentes detalles íntimos de nuestra vida sexual.»
- «Cuando cuentas a tus padres algo antes que a mí, me siento desplazado. Me gustaría ser la primera persona en saber lo que te pasa.»
- «No está bien que a mí no me cuentes cosas que sí cuentas a tus padres.»
- «Cuando establezco un límite con tus padres, me gustaría que me apoyaras.»

Recordatorios importantes

- Sé comprensivo con tu pareja cuando aprenda a ponerse límites con sus padres.
- No pasa nada por expresar un límite a un familiar político si tu pareja no lo hace.
- No permitas que se transgredan los límites durante mucho tiempo sin intervenir.

Límites con otros miembros de tu familia

«Mi hermana odia a todas mis amigas. Siempre que la invito a venir con nosotras, me cuenta un motivo por el que se lleva mal con ellas. Se ha comportado así desde que fuimos a estudiar a universidades diferentes. Es como si quisiera ser mi persona número uno.» Monica estaba cansada de intentar incluir a su hermana en sus planes, y de que esta acabara estropeándolo todo. Cuando cumplió veintiocho años, durante su fiesta de cumpleaños, su hermana se peleó con la compañera de piso de Monica. Acto seguido, ella se pasó casi toda la fiesta intentando consolar a su hermana.

Como tus padres, el resto de los miembros de tu familia también sabe cómo manipularte o sacarte de tus casillas. Ya sean hermanos, primos, tíos o abuelos, es probable que quieran tener un papel importante en tu vida. No pasa nada por que formen parte de ella, pero debes guiarlos y decirles cómo quieres que estén ahí para ti.

Señales de que necesitas límites con tus familiares

- Te hacen chantaje emocional para conseguir que hagas lo que quieren.
- Cuentan historias personales que te llevan a sentir vergüenza.
- Opinan sobre la persona con quien decides salir.
- No tienen filtro alguno con las opiniones que comparten sobre ti.
- Te critican o chismorrean sobre ti con otros miembros de la familia.
- Cuentan a otros miembros de la familia tus problemas personales.
- Te presionan para que vivas de una manera distinta a la que tú deseas.
- Mantienes relaciones codependientes con ellos.
- Muestras vínculos traumáticos con ellos.

En qué consisten los límites con tus familiares

- En mantener una distancia personal.
- En asistir a las reuniones familiares porque quieres, no porque te sientes presionado.

- En no permitir que los miembros de tu familia opinen sobre tus citas, tu peso o cualquier área de tu vida con la que no estés cómodo o que no quieras tratar.
- En identificar lo que quieres en las relaciones con ellos.
- En crear una experiencia que tal vez difiera de la norma familiar.

Cómo verbalizar los límites con tus familiares

- «No estamos tan unidas como antes, y veo que eso influye en nuestra relación. No pienso invitarte a salir con mis amigas si te pones celosa y haces que la noche gire a tu alrededor.»
- «No tenemos las mismas opiniones políticas. En las reuniones familiares deberíamos evitar hablar de política.»
- «Sé que te preocupa que sea feliz en mis relaciones. Sin embargo, no quiero que me des consejos amorosos ni que me preguntes sobre mi vida sentimental.»
- «Estoy muy preocupado por... [escribe el nombre de un familiar], pero no le sacaré las castañas del fuego otra vez, no pagaré sus facturas.»
- «No quiero meterme en medio de las peleas familiares. Ya no quiero ser el mediador.»

Recordatorios importantes

- Puede que seas el primero de tu familia en poner límites; recuerda que hacer algo diferente quizá provoque una respuesta desagradable.
- Marcar límites cambiará la manera en que te ven los demás.

«¿Cómo voy a superar que mis hijos vivan con mi egocéntrica ex?», me preguntó Jason durante una sesión. Había tenido dos hijos con Jessica, quien hablaba mal de él a los niños. También dejaba que fuera Jason quien se hiciera cargo de la disciplina, por lo que era él quien parecía siempre el malo de la película. Jason la veía manipular a los niños diciéndoles cuánto desearía poder pasar más tiempo con ellos, aunque Jessica había sido inflexible con la custodia compartida.

A Jason cada vez le parecía más y más difícil comunicarse con su ex, porque esta le repetía constantemente que el culpable de que el divorcio influyera en sus hijos era él.

El término *coparentalidad* se aplica a padres que viven juntos o separados. Aunque las parejas estén casadas, o mantengan una buena relación si están divorciadas, es un auténtico reto criar a unos hijos con dos conjuntos de creencias distintas acerca de la manera de educar.

Sin quererlo, hay padres que influyen negativamente en sus hijos al mantener una relación beligerante. Pero cuando tenemos hijos con alguien, estaremos vinculados a esa persona para siempre. Sé que ejercer la coparentalidad cuesta cuando tienes un ex que pone las cosas difíciles, pero cuando hay límites saludables es más cómodo.

Señales de que necesitas límites en una relación coparental

- Habla mal de ti a tus hijos.
- Las decisiones influyen negativamente en los niños porque el otro progenitor y tú sois incapaces de poneros de acuerdo.
- Los niños son testigos de insultos, peleas verbales, abuso emocional o violencia doméstica.

- A los niños se les obliga a tomar partido (a decidir quién lleva la razón y quién no, o a quién se sienten más unidos).
- Los niños son meros peones en las disputas.

En qué consisten los límites en una relación coparental

- En tratar juntos los temas importantes antes de hablar con los niños.
- En respetar un acuerdo de custodia, si lo hay.
- En no compartir información inapropiada con los niños sobre el otro progenitor.
- En crear normas sobre cómo discutir delante de los niños.
- En utilizar un mediador si las disensiones no se pueden resolver de manera amistosa.
- En establecer un lugar en el que dejar y recoger a los niños cuando se los lleva a casa el otro padre.

Cómo verbalizar los límites en una relación coparental

- «Como no nos ponemos de acuerdo, intentemos llegar a un compromiso razonable.»
- «Creo que será mejor que un mediador nos ayude a decidir qué es justo en lo que a la custodia y al apoyo a los niños se refiere.»
- «Nuestros hijos no deberían vernos discutir. No pienso mantener una conversación inapropiada delante de ellos.»

- «Por favor, no hables de mí y de lo que opinas de mí delante de los niños.»
- «A los niños les influye lo que ven. Enseñémosles a tener relaciones saludables, incluso cuando discrepamos con alguien.»

Recordatorios importantes

- Con tu manera de actuar, enseñas a los niños cómo existir en sus propias relaciones.
- Los niños quieren sentirse seguros.
- Tú solo puedes cumplir con tu parte. Si te pones un límite, debes respetarlo.
- Los niños se benefician de la buena relación entre sus padres.

LÍMITES CON TUS HIJOS

Los menores de edad son emocionalmente incapaces de gestionar los problemas adultos. Aunque sean maduros para su edad, no es apropiado que compartamos con ellos el estrés propio de la edad adulta. Es evidente, sin embargo, que a medida que crecen van siendo capaces de gestionar más y de asimilar las explicaciones que les ayudan a entender conceptos más complejos.

Tener límites ayuda a que los niños se sientan más seguros. A pesar de su oposición, se benefician de las normas y de las estructuras, y los límites son esenciales para enseñarles a tratar a los demás y a tener relaciones saludables.

Utilizaré la expresión *apropiado para la edad* varias veces para describir la conveniencia de un límite en distintos grupos de edad.

Cuando mis clientes dudan de qué es apropiado para una edad, les pido que vayan más allá de todo aquello a lo que estuvieron expuestos cuando eran niños. Podría ser que sus propias experiencias fueran inapropiadas para su edad.

En cambio, les pido que tengan en cuenta la calificación por edad de las películas y series, las sugerencias de edades de algunos juguetes y cuanto les diga un pediatra acerca de las actividades que pueden llevar a cabo los niños sin problemas. Tales sugerencias no deben interpretarse como normas estrictas, pero sí ayudan a valorar por qué están indicadas para un grupo de edad en particular.

Señales de que necesitas límites con tus hijos

- No tienen normas.
- Tu manera de educarlos es permisiva.
- Tus hijos acaban siendo tus confidentes.
- Tu manera de educarlos es solo punitiva.
- Les permites hablar con los demás de un modo inapropiado.

En qué consisten los límites con tus hijos

- En establecer una hora adecuada para que se vayan a la cama.
- En asegurarse de que tienen a su alcance opciones de comida saludable.
- En hablar de sus sentimientos y emociones de una manera apropiada para su edad.
- En no utilizar a tus hijos como confidentes.
- En no esperar que tus hijos se encarguen de cuidar de sus hermanos pequeños.

- En enseñarles a cuidar de sí mismos de una manera apropiada para su edad.
- En proporcionarles entretenimiento adecuado para su edad.
- En vigilar cuánto y cómo usan internet y las redes sociales.

Cómo verbalizar los límites con tus hijos

- «Mañana tienes clase por la mañana. La hora de irse a la cama es a las nueve de la noche.»
- «¿Hoy has bebido agua? No beberás más zumo hasta que hayas bebido un par de vasos de agua.»
- «El padre [la madre] soy yo; ya me ocuparé yo de tu hermano.»
- «Ve a tu cuarto, por favor; tengo que hablar con la abuela a solas.»
- «Lo que estás viendo es inapropiado. Voy a cambiar los ajustes para filtrar el contenido inadecuado.»
- «No pasa nada por enfadarse. ¿Cómo hay que comportarse cuando uno se enfada?»

Recordatorios importantes

- Aunque los niños parezcan maduros para su edad, es vital que se les permita vivir en una realidad infantil.
- Los niños no deben conocer los detalles de todo lo que les ocurre a los adultos.
- Los niños se sienten seguros cuando los límites son consistentes.

Los adultos, a menudo, olvidamos que los niños también necesitan límites. Es un olvido que se pone de manifiesto cuando los adultos dicen: «Eres un niño, así que a nadie le importan tus sentimientos», o cuando se actúa en consecuencia.

Los adultos debemos recordar que los niños...

- Tienen sentimientos y se benefician muchísimo de que se les permita explorarlos y expresarlos.
- Reciben un impacto de aquello a lo que les exponen los adultos.
- Se ven afectados por la manera en que los adultos responden a sus problemas.
- Recuerdan cómo les hicieron sentir los adultos.
- No son compañeros ni confidentes.
- Carecen de capacidad mental para gestionar de manera apropiada cuestiones adultas, independientemente de lo que muestre su comportamiento.
- Tienen límites.

La mayoría de los adultos con los que trabajo recuerdan a la perfección cómo se transgredieron sus límites cuando eran pequeños y cómo siguen esforzándose para arreglar los daños provocados por aquellas transgresiones. También les cuesta incorporar límites saludables en sus vidas adultas. Los niños deben aprender que tener límites es saludable para ellos.

Los niños son conscientes de que no pueden exigir que se respeten sus deseos, así que piden que los adultos los escuchen cuando manifiestan su necesidad, por pequeña que sea, de tener límites saludables.

Es importante escuchar a los niños cuando verbalizan peticiones como las anteriores y respetar sus límites siempre que sea posible.

Ponerse límites con la familia es una tarea muy complicada. Durante años, tu familia se ha acostumbrado a que actúes de un modo en concreto y a que tengas un papel en particular. El cambio se vuelve necesario cuando ya no quieres prolongar una situación tal como ha sido hasta el momento. Por difícil que parezca, mejorar los límites con tu familia seguramente hará que tengas una mejor relación con tus familiares.

Las relaciones sentimentales

> Uno no aterriza en una relación perfecta por
> arte de magia; tiene que crearla.

Malcolm y Nicole salieron durante un año antes de decidir irse a vivir juntos. Después de compartir dos años el mismo piso, vieron que se pasaban el día discutiendo sobre las tareas domésticas, sobre el tiempo que pasaban el uno con el otro y sobre el futuro de su relación. En plenas discusiones, Malcolm a menudo se enfadaba tanto que se marchaba y no volvía hasta el cabo de varias horas. Y cuando al fin regresaba, estaba unos días tratando a Nicole con suma frialdad.

En nuestras sesiones, Nicole se puso a llorar al hablar de la pobre comunicación que mantenían. Sabía que Malcolm y ella se querían con locura, pero era incapaz de entender por qué discutían tantísimo.

Por su parte, Malcolm describió a Nicole como «una pesada». En lugar de decir directamente lo que quería, Nicole daba a entender sus necesidades de un modo no demasiado sutil. Esta conducta molestaba a Malcolm. Cuando él estaba irritado, ignoraba las peticiones pasivo-agresivas de ella.

Para Nicole, el asunto más importante era que quería casarse. Jamás se habría imaginado viviendo con Malcolm durante dos años sin por lo menos haberse prometido antes. Se había vuelto resentida, y durante las discusiones solía sacar a colación el tema del matrimonio.

Malcolm, por su parte, no sabía si quería casarse. No fue hasta que llevaban seis meses viviendo juntos cuando Nicole empezó a hablar de boda. Malcolm ignoraba las preocupaciones de ella, de modo que nunca llegaron a resolver su situación.

Era evidente que la pareja necesitaba ayuda para alcanzar la raíz de sus problemas y para resolver la falta de comunicación a la que casi siempre se enfrentaban durante sus desavenencias. Creían que yo haría de árbitra y dictaminaría quién llevaba la razón o quién debería cambiar, pero para su sorpresa acabamos hablando de los acuerdos que pactaron en la primera etapa de su relación.

Más allá de «yo te quiero, tú me quieres», Malcolm y Nicole nunca hablaban de lo que consideraban un comportamiento aceptable en la relación. De ahí que Malcolm se fuera durante las discusiones. No habían tratado las expectativas de cada cual. Y mientras Nicole quería casarse, Malcolm no lo tenía tan claro. Se habían pasado tres años con límites tácitos y con la rabia que provocaban las transgresiones que el otro desconocía haber cometido.

Ya desde el primer momento me pareció obvio que la pareja tenía problemas con los límites de su relación.

Volvamos al principio

En el capítulo 1 hablaba de las señales que ponen de manifiesto que necesitas límites más saludables. En este caso, Nicole estaba resentida, y ese resentimiento empezaba a hacerse visible en las interacciones diarias de la pareja. En lugar de comunicar sus necesidades con claridad y con franqueza, a menudo expresaba lo que necesitaba de manera pasivo-agresiva. Por ejemplo, decía: «Cuando vuelvas de casa de tu madre, espero que tengas tiempo de preparar la cena, como dijiste que harías». Si fuera asertiva, habría dicho algo parecido a esto: «Vuelve a casa sobre las cinco para que tengas tiempo de preparar la cena, o compra algo aprovechando que estás fuera». Comunicar su necesidad probablemente habría evitado una discusión, pero en lugar de eso, montaba un escenario que solía terminar en discusión.

En el capítulo 2 hemos visto lo que ocurre cuando no ponemos límites. Nicole estaba quemada y decía cosas como «estoy harta de ser la única que...», «siempre tengo en mente lo que quiere Malcolm». Tenía la sensación de que daba mucho y recibía muy poco a cambio.

Malcolm quería tranquilidad, y cuando su tranquilidad se iba al garete por las fuertes discusiones, se ponía el límite de marcharse de casa.

En el capítulo 3 hemos tratado lo que impide que la gente marque límites. Nicole no deseaba sentirse culpable por ser directa acerca de lo que quería. Asimismo, le daba miedo que Malcolm no estuviera dispuesto a respetar sus peticiones. Sin embargo, como no hablaba de estas cuestiones, la pareja no sabía si casarse era o no una opción en su relación.

En el capítulo 6 hemos detallado las maneras para identificar y comunicar los límites. Al ayudar a Nicole y a Malcolm a comunicar los suyos, dimos a su relación una razonable oportunidad de seguir por un camino saludable.

Tras debatir sobre sus necesidades, llegamos a las siguientes conclusiones:

- **Necesidades de Nicole.** Tener un claro conocimiento del futuro de la relación, con la esperanza de que algún día se casaran; recibir apoyo doméstico.
- **Necesidades de Malcolm.** Mejorar la manera de identificar los problemas y tratarlos con una comunicación más valiosa, en lugar de limitarse a disputas explosivas.

En primer lugar, ayudé a Nicole a expresar lo que quería con tal claridad que Malcolm lo comprendiera. Para su sorpresa, Malcolm la escuchó atentamente y le dijo que iba a respetar enseguida su petición de tener más apoyo en casa. Hablamos sobre las maneras directas de pedir ayuda, como por ejemplo:

- «Necesito que me ayudes en/con...».
- «Vuelve a casa sobre las cinco, porque me gustaría que cenáramos juntos.»
- «He organizado una velada para nosotros; así pasaremos un tiempo juntos.»

Cuando verbalizaron peticiones claras, ambos se dieron cuenta de que la frecuencia y la intensidad de sus discusiones se reducían.

En cuanto a la decisiva conversación sobre el matrimonio, Malcolm admitió que le provocaba ansiedad por culpa de la relación disfuncional de sus padres y de otros matrimonios que había visto. La pareja empezó a explicar los problemas y las barreras de cada uno, y al final se comprometieron a llegar a una nueva serie de acuerdos por el bien de su relación.

ACUERDOS EN UNA RELACIÓN

En cualquier relación actuamos según una serie —explícita o implícita— de acuerdos (normas y límites). En función de nuestros acuerdos, nuestras relaciones varían con una persona u otra. En una relación, quizá seamos más propensos a discutir; en otra, en cambio, discutir no está permitido. Y no lo está porque en algún punto de la relación, de manera explícita o implícita, se dijo que las discusiones eran inapropiadas. Por ejemplo, es probable que hayas acordado, tácitamente o no, la conveniencia de no discutir con tu jefe.

Ejemplos de acuerdos explícitos con límites saludables

- «No me levantes la voz.»
- «Quiero una relación abierta, en la que hablemos de los compañeros del otro.»
- «Quiero conocer a tus amigos.»

Ejemplos de acuerdos implícitos sin límites saludables

- Asumes que los demás saben cómo comportarse en una relación contigo.
- Asumes que los demás cumplirán tus necesidades sin que debas decirles cuáles son.
- Asumes que los demás saben automáticamente cuáles son tus expectativas.

Hemos de asumir que los demás solo saben lo que decimos, solo respetan lo que pedimos y son incapaces de leer nuestra mente.

Hábitos de relaciones conscientes

- Define lo que significa estar en una relación saludable.
- Valora por qué mantienes tu relación con ciertas personas.
- Fíjate en la energía que tienes al relacionarte con la gente.
- Haz lo que creas que es lo correcto para ti.
- Acepta no tener una relación con la que todo el mundo esté de acuerdo.

- Cuestiona las normas sociales que dictan cómo deben ser las relaciones.
- Descubre qué te hace feliz en tus relaciones.
- Toma decisiones saludables para respetar tus sentimientos.

ESTABLECER EXPECTATIVAS

Establece las expectativas en cualquier punto de tu relación, pero cuanto antes mejor. Si quieres casarte, es vital saber si la persona con la que sales también quiere hacerlo. Si no quieres tener hijos, es preciso que sepas si la persona con la que sales quiere tenerlos. Una vez que tengas toda la información en tu haber, serás capaz de crear en tus relaciones acuerdos intencionados que aportarán claridad.

Al principio, cualquier relación es divertida, y a menudo da la sensación de que será fácil complacernos. Pero lo más complaciente es ser sincero contigo mismo y con la persona con la que sales. Asimismo, para ahorrarte tiempo y un montón de dolores de cabeza, haz caso a la gente cuando te hace afirmaciones de este tipo: «No quiero una relación estable», «No creo que lo de casarse vaya conmigo», «Todos mis ex me llamaban loco» o «No me imagino teniendo hijos». Si esas afirmaciones te parecen bien, quizá estéis hechos el uno para el otro. Pero si deseas lo contrario, busca a alguien que quiera lo mismo que tú. Si no, te vas a pasar buena parte de la relación intentando convencer a la otra persona para que desee lo que deseas tú. Y no es habitual que alguien cambie de opinión para calmar a otra persona, o por lo menos no a corto plazo.

Después de haber salido un tiempo con alguien, es el mejor momento para empezar a hablar de vuestras expectativas. El mayor miedo a ser sincero es la posibilidad de asustar al otro y alejarlo de ti. Pero eso solo ocurrirá si no está interesado en lo que le cuentas. Por tanto, aunque duela muchísimo, que se asuste es una señal de que no sois compatibles.

Al principio de una relación, es vital saber...

- ¿Cuál es el plan de esa relación?
- ¿Vuestros valores y principios se parecen?
- ¿Hay alguna cuestión que sea innegociable?
- ¿Cómo vais a gestionar las disputas?
- ¿Qué es aceptable en la relación?
- ¿Qué reglas singulares quieres implementar en la relación?

Si llevas mucho tiempo en una relación en la que no has hablado abiertamente de tus límites, hazlo cuanto antes y comunícaselos a tu pareja. Si te fijas en los sentimientos que has experimentado cuando han surgido problemas entre vosotros, sabrás en qué áreas necesitas límites. Procura detectar el resentimiento, la frustración, la ansiedad y la rabia que has sentido. Esas emociones te guiarán directamente hacia los límites que son necesarios en vuestra relación.

UNA COMUNICACIÓN POBRE ES LA PRIMERA CAUSA DE DIVORCIOS Y RUPTURAS

Llevo catorce años tratando a parejas como consejera matrimonial. La razón número 1 por la que la gente va a terapia es para mejorar su comunicación. De hecho, me atrevo a afirmar que la mayoría de los problemas de pareja se reducen a la comunicación. Si buscas «libros para parejas» en Google, verás que casi todos tratan este tema.

Tras tantos años ayudando a parejas, me sorprende la frecuencia con la que suelen avanzar sin haber hablado primero de las normas del compromiso, incluyendo lo que puede y lo que no puede suceder en su relación. Y no me refiero a lo que ha sido apropiado en otras relaciones, sino en la que se mantiene en la actualidad. ¿Qué es aceptable y qué es inaceptable?

A continuación se incluyen las áreas más comunes en las que suelen surgir problemas de comunicación.

Fidelidad

- ¿Vuestra relación es monógama?
- ¿Qué significa la monogamia?
- ¿Qué es para vosotros una infidelidad?
- ¿Cuál es la consecuencia si uno de vosotros es infiel?

Finanzas

- ¿Cómo administraréis el dinero en la relación?
- ¿Quién es el responsable de pagar qué facturas?
- ¿Cuáles son vuestros objetivos económicos a corto y a largo plazo?
- ¿Tendréis cuentas bancarias y de inversión conjuntas o separadas?
- ¿Alguno de los dos tiene problemas económicos? ¿Los dos?
- ¿Cómo abordaréis los problemas económicos si estos surgen?

Hogar

- ¿Quién es el responsable de hacer qué tareas?
- ¿Cómo os dividiréis las tareas para que no todas recaigan sobre la misma persona?
- ¿Cómo podéis colaborar para cubrir las necesidades de vuestro hogar?

Hijos

- ¿Queréis tener hijos?
- ¿Cuántos hijos queréis tener?
- ¿Cuál es vuestra filosofía educativa o cuál creéis que será?
- ¿Cómo gestionaréis los desacuerdos relacionados con los hijos?
- ¿Cómo vais a mantener vuestra relación de pareja una vez que tengáis hijos?

«Fuerzas externas»

- ¿Cómo gestionas los problemas con la familia de tu pareja?
- ¿Qué ocurre si disientes con cómo ha gestionado tu pareja un problema?
- ¿Es aceptable hablar de vuestra relación con personas ajenas? De ser así, ¿con quién?
- ¿Cómo protegéis vuestra relación de los demás?

No solo es importante comunicar más, sino que también es importante qué se comunica. Tener conversaciones incómodas puede salvar una relación. Así pues, debes estar dispuesto a hablar de cualquier tema antes de que se convierta en un problema. Evitar los percances comunicativos que he enumerado antes te ahorrará discusiones en el futuro.

LA ASERTIVIDAD REDUCE LOS MALENTENDIDOS Y LAS DISCUSIONES RECURRENTES

Decir lo que se piensa es complicado, sobre todo si te crees alguna de estas afirmaciones:

- «Le importará un comino».
- «No respetará mi petición.»
- «No me tomará en serio.»
- «No me entenderá.»
- «No me servirá de nada.»
- «No quiero ser borde.»

En las relaciones saludables, comunicar tus necesidades está visto con buenos ojos. En las relaciones no saludables, la gente te ignora, te hace retroceder o incluso pone a prueba tus límites. Ya hemos explorado qué hay que hacer si una relación no es saludable. Asumamos, pues, que tu falta de asertividad se debe al miedo. En mis sesiones con parejas, me deja de piedra cuántas cosas se guarda el uno del otro por el miedo a lo que vaya a decir la otra persona.

Janice y Sarah vinieron a terapia porque Janice quería practicar más sexo. Cuando les pregunté: «¿Con qué frecuencia os gustaría practicar sexo?», respondieron lo mismo: «Dos o tres veces a la semana».

Ocurre muy a menudo. ¿Por qué? Porque, en lugar de buscar una solución, la mayoría de las parejas se pone a discutir. En lugar de decir: «Me gustaría practicar sexo dos o tres veces a la semana», y después hacer el amor para reforzar dicha afirmación, la mayoría se limita a discutir. «Es que nunca lo hacemos», dicen.

Ser asertivo establece una expectativa en tu pareja. Ya no te quedarás en la superficie de los asuntos: vas a ser proactivo con los problemas de vuestra relación.

Cuando en vuestra relación te enfrentes a un dilema, hazte las siguientes preguntas:

1. ¿Cuál es el auténtico problema?
2. ¿Cuál es tu necesidad?
3. ¿Cómo debes comunicarte con tu pareja?
4. ¿Qué puedes hacer para asegurarte de que se va a cubrir tu necesidad?
5. ¿Qué quieres que haga tu pareja para cubrir tus necesidades?

CREAR EL AMBIENTE PARA QUE HAYA UNA COMUNICACIÓN ABIERTA

Comunicar abiertamente es una manera de dejar espacio para abordar los problemas que influyen en la salud de vuestra relación o en las personas que la forman. Pero comunicar abiertamente no significa que puedas ser borde ni desahogarte con tu pareja sobre todo lo que no te gusta. Por ejemplo, no está bien decir: «Odio a tu madre» y pensar que eso es comunicar abiertamente. Por el contrario, sí está bien decir: «Me gustaría mejorar mi relación con tu madre porque noto que es muy tensa. ¿Se te ocurre qué puedo hacer?».

Establecer al principio una comunicación saludable es útil, por supuesto, pero si ya estás en una relación, es vital que abordes esta cuestión ahora. Una comunicación abierta funciona mejor cuando se da de manera proactiva antes de que un problemilla se convierta en un problemón. Los asuntos más pequeños enseguida se suman, así que abórdalos aunque pienses que no son para tanto. Te sorprendería la cantidad de problemas pequeños que terminan convirtiéndose en enormes, como por ejemplo:

- «Se quita los zapatos y los deja tirados en el suelo de cualquier manera».
- «Nunca me pregunta lo que me apetece cenar.»
- «Nunca lleva el coche al taller. Tengo que hacerlo todo yo.»

Decirle a tu pareja lo que necesitas permite que él o ella respete tus límites. No decir nada hará que termines enfadado.

A continuación, verás algunos ejemplos y soluciones para las transgresiones de límites más habituales en una relación sentimental.

«Odio a mi suegra. Mi marido no le planta cara.
¿Qué puedo hacer?»
Tiene que ser duro ver que tu suegra se aprovecha de tu marido. Sin embargo, es probable que hayan mantenido toda la vida esa dinámica. No harás que alguien sea consciente de algo que no ve. A lo mejor, consigues que tu marido hable más sobre la relación que mantiene con ella y acepte unas pequeñas sugerencias tuyas, pero el problema con tu suegra no se resolverá de un día para otro. Deberás hacer acopio de paciencia y dejar que pase el tiempo.

En cuanto a la relación que mantienes tú con tu suegra, crea todos los límites que quieras. El único consejo que te doy es que tengas cuidado y no critiques a tu familia política delante de tu pareja cuando sientas frustración. Sean los problemas que sean, no querrás contaminar la relación que tu pareja mantiene con sus padres.

Cuando sea posible, procura que tu pareja aborde los problemas directamente con su madre, y que no diga: «Mi mujer dice que...», sino: «Creemos que...». Utilizar la primera persona del plural hará que parezca una decisión conjunta, y no algo que proviene de una sola persona.

«Mi pareja siempre llega tarde a todo»

Si ya has expresado tu límite y ves que tu pareja no lo respeta, debes cambiar tu comportamiento para lograr paz interior. Aquí te dejo unas cuantas sugerencias:

- Id en coches separados.
- Acostúmbrate a llegar tarde.
- Dale toques a tu pareja.
- Acepta que estás con una persona que suele llegar tarde.

«Mi pareja les deja dinero a sus familiares, y odio que lo haga»

No dejar dinero a nadie tal vez sea tu regla, pero no la de tu pareja. Aquí tienes varias sugerencias para solucionar el problema:

- Si tu pareja echa mano de la cuenta conjunta, establece la norma de que para ayudar a los demás utilice solo el dinero que sobre.
- Si hay una persona que pide dinero de manera habitual, pon unas reglas generales.
- Analiza cómo influye en vuestro hogar a corto y largo plazo dejar dinero.
- Comenta de qué otras maneras podrían ser útiles esos recursos económicos.

Según la mayoría de los matrimonios, hay un descenso de la satisfacción durante el primer año, nada más nacer los hijos y cuando estos se van de casa.

El primer año

Para muchas parejas, aprender a coexistir conlleva dificultades, ya sean emocionales, por tener que compartir el mismo espacio físico, o relacionadas con el dinero. Se pasan el primer año de matrimonio aclimatándose a una familia más grande y a sus nuevos papeles y experiencias.

Al tratar a parejas recién casadas, he distinguido estos tres problemas:

1. Aprender a gestionar el tiempo personal, junto con el trabajo y el resto de los papeles que uno tiene en la vida.
2. Distribuir las tareas y las responsabilidades domésticas.
3. Gestionar las expectativas y las relaciones con la nueva familia.

El primer año se centra en aprender a construir una vida conjunta. Durante ese tiempo, es vital ser muy claro con vuestros límites individuales, así como con los comunes. Por ejemplo: ¿qué necesitas tú?, ¿qué necesitáis los dos como pareja?

Los dos tipos de límites son igual de importantes. Muchas parejas afrontan adversidades durante el primer año simplemente porque no han definido con claridad sus límites y sus expectativas.

Tener una relación coparental

Cuando juntas a dos padres, juntas dos filosofías educativas distintas. Es muy poco frecuente que los padres estén de acuerdo en todo (de hecho, no lo he visto nunca, pero no pierdo la esperanza). Muchas parejas se convierten en padres con la suposición de que el otro sabrá lo que necesitan y que cubrirá esas necesidades no verbalizadas.

Cuando me invitaron a participar en el pódcast *Whole Mamas* [Mamás completas], la nutricionista Stephanie Greunke habló del deseo de preparar la cena sin interrupciones. Esperaba que su marido interpretara la situación y corriera a ayudarla. Nunca se le ocurrió decir: «Mientras preparo la cena, llévate a los niños a su cuarto y mantenlos atareados, para que así yo pueda terminar enseguida». En lugar de comentarlo, sufría en silencio, algo que le provocaba un inevitable resentimiento.

En cuanto una pareja tiene un hijo, su relación es menos romántica y, al ocuparse de los niños, ambos están más distanciados del otro y muy ocupados. Tareas básicas como alimentar, bañar y vestir a los niños requieren energía, tiempo y determinación. Con tal de que la familia fluya sin contratiempos, los padres hablan de los viajes en coche y de las visitas al supermercado, en lugar de compartir los últimos cotilleos y lo que opinan de las elecciones presidenciales. Las preguntas sobre su día a día se sustituyen por las preguntas sobre si es hora de cambiar el pañal.

Son unas alteraciones mucho más profundas de lo que la gente cree. Las identidades fundamentales varían de esposa a madre o de amantes a padres.[1] Más allá de la intimidad sexual, los nuevos papás y mamás tienden a dejar de decir y hacer las cosas que complacían al otro. Los mensajes de texto picantes pasan a ser mensajes que parecen la lista de la compra.

Antes de tener hijos, es crucial comunicar la importancia de mantener en vuestra relación la esencia del romance. Después de tener hijos, acordaos de poner el foco de manera consciente en el otro. No resulta sencillo cuando los niños tienen necesidades que se antojan más importantes que una velada romántica, pero los hijos se benefician muchísimo de la relación saludable de sus padres. Teniéndolo en mente, intentad que la relación de pareja sea una prioridad.

Límites que son importantes para los padres

- Pasar veladas románticas a menudo.
- Buscar canguro repetidamente para disponer de tiempo a solas y en pareja.
- Pedir ayuda a la familia.
- Fijar una hora para que los niños se vayan a la cama.
- Priorizar el tiempo para hablar de cuestiones que no estén relacionadas con los hijos.

El nido vacío

Cuando los hijos se van de casa, padres y madres que han construido una identidad alrededor de la educación que dan como progenitores tendrán dificultades para adaptarse al nido vacío. Puede ser especialmente complicado cambiar el foco y devolverlo a la pareja sentimental. Pero es que tener hijos no es motivo para abandonarte a ti y a tu pareja. Cuando tienes un hijo, sumas a los niños a tu vida, no la abandonas por completo para ser padre o madre.

Si habéis sido padres sin límites que mantuvieran la esencia de vuestra relación sentimental, empezad ahora. Comprometeos a volver a conocer a vuestra pareja, a salir por ahí y a pasar tiempo juntos. No vais a recrear lo que teníais antes, pero sí podéis crear algo nuevo.

LA MALDICIÓN DE UNA COMUNICACIÓN POBRE

Como ya he dicho, el principal problema con la mayoría de las relaciones sentimentales es una comunicación pobre. Si la gente aprendiera a comunicar lo que quiere ya nada más comenzar a salir, muchas relaciones serían más felices. Un fracaso en la comunicación es una oportunidad perdida para que tus necesidades se vean cubiertas. La razón número 1 por la que la gente fracasa al comunicarse es el miedo a que la tachen de borde o de dependiente.

Pero no pasa nada por tener necesidades, y es lógico pensar que tu pareja estaría dispuesta a cubrir la mayoría de las tuyas. Así pues, exprésalas enseguida, porque el resentimiento conduce a la ruptura o al divorcio.

NECESIDADES RAZONABLES

De todas formas, no es responsabilidad de una sola persona satisfacer todas y cada una de tus necesidades. Por ejemplo, si tu pareja suele darte consejos cuando tú solo quieres que te escuche, tal vez sea más útil contárselo a un amigo. No vamos a cambiar a los demás ni a convencerlos para que sean distintos de cómo son, y tu pareja quizá interprete algunas de tus necesidades como un intento por hacerla cambiar. En tus relaciones, es vital que tengas en cuenta si tu petición es razonable. Las peticiones no lo son cuando la otra persona es incapaz de cubrir esa necesidad. Por ejemplo, esta sería una petición no razonable: «Nunca saques a colación el pasado». Una petición razonable sería así: «Si sacas a colación el pasado, te diré que estás cruzando un límite y reencauzaré la conversación».

EJERCICIO

En tu diario, o en una hoja de papel aparte, completa el siguiente ejercicio.

Si eres una persona soltera, hazte estas preguntas

- En una relación, ¿cuáles son mis cinco necesidades principales?
- ¿Cuándo voy a comunicar mis límites?
- ¿Cómo voy a comunicarlos con naturalidad?
- ¿En qué cuestiones tendré más dificultades para poner límites?
- ¿Cómo me gustaría que mi hipotética pareja recibiera mis límites?

Si tienes pareja, hazte estas preguntas

- En mi relación, ¿cuáles son mis cinco necesidades principales?
- Mi pareja, ¿está al corriente de mis necesidades?
- ¿Cuál es el mayor problema de mi relación?
- ¿Me he puesto límites con mi pareja?
- ¿Estoy respetando los límites que me he puesto con mi pareja?
- ¿De qué otras maneras puedo compartir mis límites con mi pareja?

> Los límites son un reflejo de lo dispuesto que
> estás a defender la vida que quieres.

«Odio mi curro», le contó Dave a su amigo Kevin mientras salía de casa para ir a trabajar. Cuando Kevin lo escuchaba quejarse de su jornada laboral, de su mujer y de todo el mundo en general, él se sentía agotado y estancado. Quería a su amigo, pero siempre que Dave lo llamaba, Kevin respiraba hondo antes de responder. Sabía lo que le esperaba. Al menos dos veces a la semana participaba en conversaciones unilaterales con Dave.

Aun así, cuando Kevin necesitaba algo, era Dave el que se ofrecía a ayudar. Eran amigos desde el instituto, y aunque no estudiaron en la misma universidad, mantuvieron el contacto. Como los dos debían conducir media hora hasta casa, establecieron la rutina de hablar dos veces a la semana y mandarse mensajes a lo largo del día.

Kevin pensaba que Dave era divertido, extrovertido y una compañía alegre, pero no soportaba que se quejara constantemente. En lugar de concentrarse en la conversación, Kevin murmuraba «ajá» muy a menudo, y raras veces le decía lo que pensaba. Le daban miedo las llamadas de su amigo, pero no consideraba correcto comentárselo ni intentar cambiar el patrón de su comunicación.

Kevin se consideraba un tipo bastante asertivo, de esas personas que cogen el toro por los cuernos, pero no quería herir los sentimientos de su mejor amigo. Quería preservar su amistad espaciando sus interacciones. Probó a ignorar algunas de las llamadas de Dave, pero cuando este le decía: «Te he llamado antes», Kevin se sentía obligado a darle una razón de peso por la que no le había cogido el teléfono. Sin embargo, como no tenía una razón de peso, siguió cogiendo el teléfono.

«¿Qué puedo hacer sin sentirme culpable por no contestar a sus llamadas?», me preguntó Kevin. Enseguida empezamos a hablar sobre cómo responder y gestionar su incomodidad. Le dije que, aunque calmar su incomodidad no sucedería de la noche a la mañana, cuanto más practicara poner un límite, más seguro se sentiría al respecto.

Al principio, le pedí a Kevin que hablara más de sí mismo, por si eso suponía un cambio en el diálogo. Vio que la cosa mejoró un poco, pero Dave seguía quejándose durante casi toda la conversación. Entonces, le propuse que encauzara el diálogo y dijera: «Cuéntame algo bueno que te haya pasado hoy». Esa estrategia también sirvió, pero Dave seguía quejándose. Kevin decidió que podría gestionar hablar con Dave quince minutos una vez a la semana, en lugar de los treinta habituales.

En general, Kevin respetó lo que habíamos hablado. Cuando no lo hacía, sin embargo, sufría las consecuencias inmediatas de una conversación agotadora de media hora, dos veces a la semana.

MARCA UN LÍMITE O SUFRE LAS CONSECUENCIAS DE NO HACERLO

Dejando a un lado la familia, las amistades son las relaciones más complicadas en las cuales implementar límites. Tus amigos a menudo te cuentan abiertamente quién les ha ofendido y cómo se han sentido por ello. Una confianza que dificulta el establecimiento de un límite si crees que es justamente lo que ellos van a interpretar como desagradable u ofensivo. Pero hay esperanza, y muchas amistades han sobrevivido a peticiones de este estilo. Quizá las tuyas también. Y recuerda que, si una relación termina por culpa de un límite, es la prueba de que había un problema mayor. Según las encuestas de las historias de mi Instagram, el 81 % de las personas han tenido problemas con la manera en que sus amigos hablan sobre sus hábitos románticos. Cuando no se abordan los problemas ni se ponen límites, los obstáculos en una relación persisten.

Nuestras relaciones reflejan nuestros límites o la falta de ellos. Los demás no tienen ni idea de cuál es nuestra capacidad emocional o de escucha, así que es responsabilidad nuestra echar mano de palabras y de comportamientos que se lo hagan ver.

¿Cómo poner límites sin sentir culpa? Como ya he dicho, es imposible. Pero los límites son como los músculos: cuantas más veces los ejercitemos, más fácil será establecerlos y mantenerlos. Asumimos que le vamos a romper el corazón a nuestro amigo si ponemos un límite. Y pensamos así seguramente porque le hemos oído quejarse de cómo le han tratado otras personas. Pero ¿acaso no es posible que él sea el responsable de algunos de los problemas que tiene con los demás?

En la universidad tuve una amiga que se quejaba de lo que su novio y otros amigos decían de ella. Durante un tiempo la escuché, pero después empecé a valorar la verdad de esos comentarios. No me correspondía a mí decirle a mi amiga que se equivocaba, pero tampoco me correspondía escucharla quejarse de cómo la perjudicaban los demás. No estaba demasiado bien que fingiera prestarle atención y que le dijera «ajá» repetidas veces, así que comencé a dirigir las conversaciones hacia otros temas. Para estar presente en nuestras charlas, para mí era vital conectar con ella en las cuestiones que creaban un diálogo interesante entre las dos. De mi amiga me gustaban muchas cosas y no quería poner fin a nuestra relación, así que conducir las conversaciones hacia otra dirección me permitió crear una amistad más saludable.

¿Cómo conocer la diferencia entre una amistad saludable y una que no lo es?

Señales de una amistad saludable

- Tu amigo quiere verte crecer.
- Los dos os apoyáis mutuamente.
- Los dos os beneficiáis mutuamente.
- Tu amistad evoluciona a medida que evolucionas tú.
- Sabéis cómo apoyar al otro.
- Poner límites no supone una amenaza para la relación.
- Tu amigo está encantado de que seas tú mismo.
- Tu amigo es consciente de tus peculiaridades y las tiene en cuenta.
- Puedes hablar con tu amigo sobre tus sentimientos.

Señales de una amistad no saludable

- La relación es competitiva.
- Cuando estás con tu amigo, haces gala de tu peor comportamiento.
- Después de estar o hablar con tu amigo, te sientes emocionalmente agotado.
- Tu amigo intenta ponerte en ridículo delante de otros.
- No tenéis nada en común.
- Tu amigo le cuenta a otras personas detalles de tu vida íntima.
- La amistad no es recíproca (por ejemplo, das más de lo que recibes).
- Sois incapaces de resolver vuestros desacuerdos.
- Tu amigo no respeta tus límites.

- La relación es codependiente o incluye un vínculo traumático.

LIDIAR CON LAS QUEJAS

Las quejas se agrupan en tres categorías: desahogos, búsquedas de solución o lamentaciones. Desahogarse es una manera de hablar de los problemas sin buscar consejo, sino simplemente soltando todas las frustraciones. Buscar una solución implica pedir consejo para saber cómo arreglar una cuestión. Lamentarse es hablar de los mismos temas una y otra vez sin intentar encontrar una solución ni gestionar las frustraciones de ninguna manera.

Lamentarse es básicamente cargarle el muerto al otro. En contadísimas ocasiones he visto que la gente tuviera problemas con los desahogos o con las búsquedas de soluciones. Son las lamentaciones las que se transforman en una seria contrariedad.

Casi todos nos quejamos de algo, pero la frecuencia es muy importante. A nadie le gusta oír a otra persona lamentarse de lo mismo repetidamente. El amigo que se queja siempre lo hace sin limitación alguna porque le hemos dado el espacio para ello.

Maneras de lidiar con un quejica crónico

1. Empatiza cuando sea apropiado.
2. Cambia de tema para reencauzar la conversación.
3. Estate atento y no admitas digresiones.
4. Predica con el ejemplo: no te quejes.

5. Pregunta antes de dar tu opinión, y ten presente si la persona será capaz de gestionar la verdad.

6. Tómatelo en serio (por ejemplo, no digas «no es para tanto» ni «se te pasará»).

7. Después de haber hecho todo lo posible, fija un límite claro acerca del tiempo asignado a la conversación y de la frecuencia con la que hablaréis.

Qué decirle a alguien que no quiere que le aconsejes

1. «No sé cómo puedo ayudarte con esto.»

2. «Parece un gran problema. ¿Has pensado hablarlo con la persona que te molesta?»

3. «¿Cómo has pensado gestionar la situación?»

«Lo que yo haría es totalmente parcial y basado en mí. Me gustaría explorar las opciones que tienes tú en esta situación.»

Si eres tú la persona que se queja, también es útil que te pongas límites a ti mismo.

Cómo gestionar tus quejas crónicas

1. Presta atención a la frecuencia con la que te quejas.

2. Decide si solo te vas a desahogar o si buscas consejo.

3. Ten muy en cuenta el objetivo de las conversaciones que mantienes con los demás.

4. Escribir un diario para trabajar lo que sientes es muy beneficioso.

Cuanto mayores somos, más difícil resulta crear nuevas amistades y renegociar las viejas. Hacer nuevos amigos es especialmente complicado cumplidos treinta años. A medida que crecemos, nuestra habilidad para nutrir nuestras amistades y guardar tiempo para ellas debe competir con los hijos, el trabajo, el amor y las relaciones familiares.

A partir de los treinta, la gente a menudo experimenta cambios internos en su manera de afrontar una amistad. El autodescubrimiento deja paso al autoconocimiento, por lo cual uno se vuelve más selectivo con la gente a la que permite estar a su alrededor; así lo cuenta Marla Paul, la autora de *The Friendship Crisis: Finding, Making, and Keeping Friends When You're Not a Kid Anymore*.[1] «El listón está más alto que cuando éramos más jóvenes y estábamos dispuestos a quedar casi con cualquiera para ir a tomar un margarita», dice.

Tendemos a dar demasiadas vueltas a las interacciones: «¿Le caeré bien?», «¿He dicho lo correcto?».

Cuando conservamos una amistad de hace diez años o más, estamos acostumbrados a tener unos papeles concretos en esa relación. De ahí que cambiar nuestros límites pueda parecer una traición. Pero es que la gente está en evolución constante. A medida que crecemos, hay otras áreas de nuestras vidas que seguramente también crezcan.

Mis amigos del instituto y yo hemos tenido que aprender a adaptarnos al paso a la universidad, a nuestros primeros trabajos «de verdad», a las relaciones estables y quizá también a los matrimonios y a los niños. Todos los cambios vitales requieren una transformación de los límites, y algunas relaciones no sobreviven a esas alteraciones. El rechazo es quizá indicativo de una grieta en los cimientos de la relación, no el resultado de la nueva petición. Al cambiar nosotros, lo más natural del mundo es que algunas amistades desaparezcan.

PROBLEMAS HABITUALES CON LOS LÍMITES DE UNA AMISTAD

Ser el consejero de la relación

Tuve una amiga que insistía en hablarme de sus problemas con su pareja. Le pedí amablemente que no me describiera los pormenores de la relación, porque empezaba a estar harta de su novio. Al principio, no lo entendió. Cuando vio que yo redirigía las conversaciones una y otra vez, lo pilló.

Poner ese límite no hizo que nuestra relación se fuera al traste. Nuestra relación habría sufrido si yo hubiera seguido escuchando y dando mi opinión más sincera. No habría sido saludable para ninguna de las dos.

Nada te exige ser experto en romances para tus amigos. Puedes escuchar, contarles cosas y ayudarlos a resolver sus problemas, sí, pero si alguna de esas acciones te hace sentir incómodo, cambia de tema.

Hacer préstamos

«Mi amigo siempre me está pidiendo dinero. ¿Cómo debería gestionarlo?»

Límites posibles

- Verbaliza tus expectativas con claridad: «Te dejaré... y espero que me lo devuelvas antes de... Si, por lo que sea, no vas a cumplir ese plazo, avísame como muy tarde el día antes».
- «No voy a poder dejarte dinero.»
- «No voy a poder darte..., pero sí...»

No olvides que, cuando le dejas dinero o algo a alguien, te conviertes en una fuente de crédito. Si no deseas ser una fuente de crédito, deja de poner tus recursos a disposición de los demás.

Ofrecer opiniones y consejos no solicitados
«La mujer de mi amigo no me cae bien. ¿Qué debería hacer?»

Límite posible

- Aprende a coexistir de manera pacífica. Tu amigo no va a dejar a su pareja solo porque a ti te caiga mal. Decírselo no hará más que crear una probable desavenencia, porque es un problema irresoluble.

Quemarse por dar demasiados consejos
«Mi amiga siempre sale con el mismo tipo de personas. Le he dicho una y otra vez que tiene que salir con gente distinta.»

Límites posibles

- Le has dicho lo que piensas y no te hace caso. Basta de repetirte.
- Muérdete la lengua cuando sepas que tu opinión no será valorada.
- Permite que la gente cometa sus propios errores y se enfrente a las consecuencias.

Recibir opiniones y consejos no solicitados
«Mi amigo siempre me dice qué tengo que hacer con mi vida. ¿Cómo consigo que deje de hacerlo?»

Límites posibles

- Deja de ser un libro abierto. No te expliques tanto. Tus amigos responden a lo que tú cuentas.
- Di: «Necesito que me escuches. No quiero consejos ni opiniones», que lo que quieres es desahogarte sin que te den ningún consejo y sin que te hagan comentarios.

Lidiar con un amigo dependiente
«Mi amigo quiere constantemente que haga cosas con él, y eso es insoportable.»

Límites posibles

- No accedas a estar ahí para alguien de una manera que no vas a mantener a largo plazo.
- Deja que haya una distancia saludable en tu amistad pasando un tiempo juntos y otro separados.
- Decide qué cosas disfrutas haciendo con ese amigo, y haz solo aquello que disfrutes con él.

No eres su psicólogo: eres su amigo

Por desgracia, en las amistades suele existir la expectativa de que podemos hablar de cualquier cosa. Una expectativa que a muchos nos lleva a decepcionarnos, porque nadie lo sabe todo de todos los temas. Los amigos ofrecen consejos parciales, basados totalmente en sus propias experiencias.

En algunos casos, no pasa nada por decirle a alguien lo que harías tú si estuvieras en su situación. Pero cuando un amigo se lamenta o está encallado en un problema en particular, lo mejor que puedes hacer es aconsejarle que busque ayuda profesional.

Ocasiones en que tal vez debas remitir a alguien a un psicólogo

- Tu amigo está encallado en un problema y no para de hablar de lo mismo.
- Tu amigo te cuenta traumas abiertos.
- Tu amigo experimenta un duelo prolongado.
- Tu amigo es un peligro para sí mismo o para los demás.
- Has percibido síntomas de depresión, ansiedad u otros problemas de salud mental.
- Tu amigo habla sobre la relación que tiene y te sientes incapaz de ayudarlo.

Qué hacer cuando alguien necesite terapia y, en lugar de ir, recurre a ti

- Recuérdale que eres su amigo, no su psicólogo.
- Ofrécele recursos con los que empezar, como libros o el contacto de psicólogos o grupos de apoyo.
- En cuanto le hayas dado los recursos, establece límites sobre cuánto y cuándo dejarás que se desahogue contigo.

- Hazle saber que le has ayudado de las maneras que consideras más útiles para él.
- Pon énfasis en que no tienes las herramientas para ayudarlo; así lo animarás a buscar ayuda.
- Pregúntale si ha utilizado los recursos que le sugeriste.

Si tu amigo necesita un psicólogo, un mecánico, un enfermero, etcétera, deja que los profesionales se encarguen de él.

Un vínculo traumático no te convierte en un buen amigo

Cuando iba al instituto, me dejaron el libro *The Value in the Valley*, de Iyanla Vanzant. En el capítulo que dedica al «valle de los problemas de los demás», la autora dice lo siguiente:[2]

> En esta vida no estamos en deuda con nadie. Somos sensatos con unos, responsables con otros. Sin embargo, jamás estaremos obligados a cargar sobre nuestros hombros con el peso de la vida de otra persona.

Leer esas palabras en el instituto me resultó bastante útil, pero ya en la universidad, cuando empecé a separarme de los problemas de los demás, me dio la sensación de que me quitaban un enorme peso de encima.

Durante muchos años, yo también había creído que ser una buena amiga significaba bregar con los problemas de los demás como si fueran míos. Es importante saber que los problemas de tus amigos no son tuyos. Involucrarte muchísimo en sus problemas no es indicativo de cuánto los quieres. Muestra, más bien, tu falta de límites saludables.

Puedes estar ahí para ellos sin involucrarte en sus sentimientos, en las soluciones y en sus consecuencias. El acto que más amor demuestra es escuchar. La decisión que más fortalece al otro es dejarle enfrentarse a sus propios problemas. Cuando veas que te lamentas por los problemas de otra persona, para y recuérdate que esos problemas no son tuyos. Conecta con tus sentimientos y pregúntate por qué te has obsesionado con los problemas de otra persona. Ese vínculo traumático nos va a distraer de las maneras en que de verdad podemos ayudar a los demás y estar ahí para ellos. Nunca vas a ayudar a nadie preocupándote por esa persona y pensando en sus problemas sin parar.

CÓMO LIDIAR CON LAS TRANSGRESIONES DE LÍMITES CRÓNICAS

Como ya he dicho, la gente hará lo que le permitas, y lo hará una y otra vez hasta que la pares. Es cierto que no vas a controlar lo que los demás te hagan a ti, pero sí que puedes gestionar tu reacción y lo que toleras.

Ser saludable te llevará a...

- Eliminar a la gente tóxica de tu vida.
- Minimizar la frecuencia de tus interacciones con gente no saludable.
- Hacer cosas a solas y no con gente no saludable.
- Tomar decisiones difíciles acerca de cómo eliges invertir tu tiempo.
- Probar algo diferente, porque el mismo enfoque produce los mismos resultados.
- Poner expectativas claras al inicio de una nueva amistad.

A veces nos toca poner fin a relaciones que no son saludables, porque la otra persona se niega a aceptar nuestros límites. Dejar una relación nunca es fácil, ni siquiera cuando no es saludable o ya no encaja con quiénes somos. A menudo nos estancamos en relaciones porque nos concentramos en exceso en intentar que la amistad vuelva a ser la que era antes. Pero, si hemos cambiado, quizá la relación ya no le resulte apropiada a la persona en la que nos hemos convertido.

Es complicado fijar el mejor momento para poner fin a una relación, y lo cierto es que no hay ninguno que sea «el mejor». Sí que hay ocasiones muy mal elegidas, claro, como justo después de un gran acontecimiento vital. Pero el momento perfecto tal vez no llegue nunca.

Cosas que quizá deban ocurrir antes de dejar una relación no saludable

- Quizá debas cansarte de arreglar algo que no puede arreglarse.
- Quizá debas hartarte de hablar con tus amigos de los mismos problemas.
- Quizá debas cansarte de tener unos valores y principios que no se respetan.

- Quizá debas pedir lo que quieres, ver qué ocurre durante un tiempo y darte cuenta de que los cambios son a corto plazo.
- Quizá debas descubrir la manera de existir sin esa persona en tu vida.
- Quizá debas darte cuenta de que pesa más lo malo que lo bueno.
- Quizá debas sincerarte contigo mismo acerca de la manera en que influye esa relación en tu bienestar.

Formas de terminar una relación

1. Desaparecer, es decir, esfumarse sin dar explicación alguna, sin responder a las llamadas e ignorando cualquier intento de establecer contacto. Hay gente que se siente más cómoda con esta manera de comunicación pasiva, al creer que la otra persona probablemente le dejará alejarse sin mediar confrontación.

2. No recuperarse del todo de un estallido gigantesco, pero mantener viva la relación gracias a un sistema de respiración artificial. En realidad, casi ha terminado, pero de vez en cuando hay alguna interacción.

3. Dejar que se apague en silencio. Es el método preferido por muchos, porque no hay que decir ni hacer nada. Es un acuerdo amistoso con el que tomarse un tiempo y cierto espacio.

4. Entablar una conversación para airear las frustraciones y verbalizar abiertamente que la relación ha terminado.

Tú conoces a tus amigos. Sabes quién va a gestionar una conversación de despedida y quién no. Escoge el método que vaya mejor contigo y con la otra persona.

EJERCICIO

En tu diario, o en una hoja de papel aparte, completa el siguiente ejercicio.

- Describe tu idea de una amistad saludable.
- Identifica con quién tienes una amistad saludable.
- Enumera tus amistades no saludables y describe qué las vuelve poco saludables.
- Determina qué debes decir o hacer para mejorar esa amistad.

El trabajo

> La gente te trata en función de los límites que
> has establecido.

A Janine le encantaba su trabajo, pero no le gustaba nada el ambiente de la oficina. Sammie, una de sus compañeras, se acercaba todos los días a su mesa para cotillear sobre los demás trabajadores. Aunque a Janine no le gustaba, de vez en cuando participaba en los cotilleos para no parecer antipática.

Acto seguido, Sammie empezó a preguntarle a Janine si quería ir a tomar algo al salir del trabajo, pero esta no quería. Siempre que se lo preguntaba, respondía más o menos así: «Hoy no puedo. Ya tengo planes».

Pero como Janine no le decía que no con claridad, Sammie seguía preguntándole. Y como Janine parecía participar en los cotilleos, Sammie siguió cotilleando con ella.

A Janine, Sammie la agotaba, pero pensaba que si le decía algo parecería una maleducada. Por culpa de Sammie, se distraía en la oficina, lo que la obligó incluso a tener que llevarse trabajo a casa. Más allá de sus problemas con Sammie, Janine a menudo ayudaba a sus compañeros con las tareas que les habían asignado y aceptaba proyectos adicionales de su jefe. Creía que su ambiente laboral era tóxico, ya que tenía la sensación de que trabajaba demasiado y de que los cotilleos de la oficina la agobiaban.

Tras doce años en esa oficina, Janine pensaba que la única solución que le quedaba era buscar otro trabajo. Pero antes de dejar un trabajo o una relación, siempre es importante que se tengan en cuenta estas preguntas:

- «¿He intentado poner algún límite?».
- «¿De qué maneras contribuyo a esta situación?»
- «¿Qué puedo hacer para que la situación sea más saludable?»

En lugar de recurrir al poder del que disponía para controlar sus límites en el trabajo, Janine creía que empezar de cero en otro lugar resolvería sus problemas. Sin embargo, sus límites no saludables iban a acompañarla allá donde fuera. Debía empezar de cero consigo misma.

PONERSE LÍMITES EN EL TRABAJO

En el trabajo, como en el resto de las áreas de tu vida, no es realista creer que tus necesidades van a cumplirse si esperas a que las situaciones mejoren por arte de magia. Pasar de una circunstancia no saludable a otra tampoco ayudará. No puedes huir de tu incapacidad para poner límites. Por tanto, Janine debería implementarlos, trabajara donde trabajara. No me cabía duda de que la pobre tendría los mismos problemas, si no peores, con los límites de otros ámbitos.

Janine se peleaba constantemente con la necesidad de caer bien; y no solo a ciertas personas, sino a todo el mundo. Estaba dispuesta a adaptarse para encajar y a hacer lo imposible para que los demás la vieran con buenos ojos. Y si eso significaba ser falsa, toleraba esa incomodidad. Como cualquiera que desea complacer a los demás, tenía miedo de poner límites.

Le preocupaba sonar agresiva si decía: «Márchate de mi mesa» o «No te voy a ayudar con nada». Y sí, son dos maneras agresivas y desagradables de poner límites. No obstante, Janine podría ser asertiva y no agresiva, y decir algo parecido a esto:

- «Ya hablaremos a la hora de comer. Tengo varios proyectos que adelantar».
- «Ahora mismo estoy con demasiadas cosas, no voy a poder ayudarte con tu proyecto.»

Hablando con Janine, repasamos todas las áreas de su trabajo que le provocaban frustración y resentimiento. Al final, elaboramos la siguiente lista:

Límites para Janine

1. Decir que no a ayudar a sus compañeros.
2. Dejar de participar en los cotilleos de la oficina.
3. Verbalizar un claro desinterés cuando alguien cuente algún cotilleo.
4. Decir que no a los planes a la salida del trabajo (siempre que no quisiera ir, claro).
5. Antes de aceptar nuevos proyectos de trabajo, permitir que los demás se pongan a ello si es posible o delegar las tareas en otras personas.

Janine acabó dándose cuenta de que no trabajaba en un entorno tóxico. Es que no se había puesto unos límites apropiados.

PROBLEMAS DIARIOS CON LOS LÍMITES EN EL TRABAJO

La serie *The Office* (la versión americana) es una de mis favoritas. Empecé a verla cuando iba a la universidad, y por aquella época comencé a familiarizarme con la idea de los límites.

En la serie, Michael Scott es el jefe de una pequeña empresa de papel que sufre por los numerosos límites no saludables que tiene y por su egocentrismo. De hecho, los límites de Michael son tan poco saludables que sus empleados siempre intentan rescatarlo y avisarle de sus inapropiadas conductas en la oficina. El jefe no es consciente de las necesidades de la gente que lo rodea ni de cómo influye su comportamiento en los demás.

En uno de mis capítulos favoritos, «El día de la diversidad», en recursos humanos organizan una formación para enseñar a Michael a comportarse bien en el trabajo. Como no podía ser de otra manera, Michael se adueña de la formación con una inapropiada imitación del humorista Chris Rock, haciendo comentarios racistas acerca de los negros y despectivos acerca de las religiones. Lo más divertido de la serie es que Michael es del todo ajeno a cuán ofensivo es su comportamiento. No tiene ni idea de que está cruzando límites. ¿Acaso no suele ser así? La persona que transgrede los límites desconoce por completo cómo afecta su conducta a los demás.

Ejemplos de problemas con los límites en el trabajo

- Hacer el trabajo de los demás.
- Ser preguntado por cuestiones personales.
- Aceptar más de lo que se puede aceptar.
- No delegar.
- Ligar.
- Trabajar sin cobrar.
- No aprovechar los días de vacaciones.
- Decir que sí a tareas que no podrán completarse con responsabilidad.
- Participar en interacciones estresantes.
- Trabajar durante los descansos.

- Hacer tareas de las que debería encargarse más de una persona.
- No desconectar cuando es necesario.

Los límites no son de sentido común; hay que enseñarlos.

Sí, hay gente que se da cuenta de que está transgrediendo los límites de alguien, claro, pero lo más probable es que no lo sepa. Los límites no son de sentido común; hay que enseñarlos. En el trabajo, los transmiten el departamento de recursos humanos, la cultura laboral y los jefes. Cuando alguien tiene miedo a perder el trabajo, sin embargo, cuesta mucho implementar límites.

En 2017, muchas mujeres empezaron a denunciar públicamente el acoso sexual al que las sometió el magnate Harvey Weinstein. Supuestamente, abusó por lo menos de ocho mujeres, que durante muchos años no se atrevieron a confesarlo por el miedo a entrar en la lista negra de Hollywood. Dados el poder y la influencia de Weinstein, este pudo seguir con unos límites laborales inapropiados (Weinstein ha rechazado todas las acusaciones).

Según el artículo de *The New York Times* de Jodi Kantor y Megan Twohey,[1] Weinstein creó un entorno profesional tóxico en el que acosó y agredió sexualmente a mujeres durante tres décadas. Su triste comportamiento era permitido porque entraba en los usos de la cultura cinematográfica, y él llevaba la etiqueta de «viejo dinosaurio».

Aunque la «cultura» desestime tus límites, eso no significa que no sean relevantes ni vitales. Quizá significa que deberás hablar con gente de la empresa, buscar apoyo fuera de la organización o incluso pedir asesoramiento legal. No es aceptable pensar que tu puesto de trabajo corre peligro si no aceptas una conducta laboral tóxica.

Cómo gestionar un entorno laboral tóxico

En un entorno laboral tóxico, tu estado de salud mental y emocional está en peligro. Cuando tu entorno laboral es tóxico de verdad, tu capacidad de funcionar en el hogar o en tus relaciones personales se verá afectada.

Qué puede implicar un entorno tóxico

- Trabajar muchísimas horas.
- Cotillear constantemente.
- No pagar por el trabajo adicional.
- Formar grupitos entre los trabajadores.
- Recibir la orden de completar más trabajo en un plazo muy corto.
- Llevar a cabo una comunicación negativa con los compañeros o con los jefes.
- Tener un jefe narcisista.
- Sufrir acoso laboral (bullying).
- Sufrir acoso sexual.
- Sufrir discriminación por cuestiones de raza, capacidades físicas u orientación sexual.

Un entorno laboral tóxico está falto de límites saludables, pero antes de decidir que la situación no va a mejorar, suele ser sensato intentar marcar algunos. Y, acto seguido, ser coherente y mantenerlos para ver si los cambios tienen efecto a largo plazo.

También es importante recordar que no tienes por qué unirte a la toxicidad. Si trabajas en un entorno tóxico, prueba esto

1. Ten en cuenta qué límites podrían ser más útiles.

2. Identifica quién es saludable en ese entorno tóxico.

3. Registra, registra y registra tus problemas apuntando los días y las veces.

4. Si tu jefe no forma parte del problema, habla con él.

5. Verbaliza tus necesidades en las reuniones con tus superiores y con tus compañeros.

6. Habla con recursos humanos sobre la cultura de la oficina.

7. Busca apoyo fuera del trabajo para controlar el estrés relacionado con tu carrera laboral; por ejemplo, habla con un psicólogo.

CÓMO INFLUYE ESTAR QUEMADO EN EL EQUILIBRIO ENTRE TRABAJO Y VIDA

Estar quemado es una respuesta a la falta de límites saludables. Muchos de los clientes a los que trato me hablan de problemas en el equilibrio entre trabajo y vida. Me he pasado catorce años observando a personas que hacen el trabajo de dos, que no salen del trabajo a tiempo, que trabajan más de la cuenta (por la noche y durante los fines de semana), que no emplean los días de vacaciones y que se prestan voluntarias para proyectos que no tienen tiempo de hacer. Y hacen todo esto con el objetivo de ser «buenos trabajadores».

Siempre les lanzo la misma advertencia: «Cuanto más parezcas gestionar, más trabajo esperarán que sepas gestionar».

Este es uno de los comentarios que oigo más a menudo: «Sé que estás quemada porque te pasas el día entero escuchando hablar a los demás de sus problemas». Cuando les digo, especialmente a otros psicólogos, que no estoy quemada en mi trabajo como psicóloga, se sorprenden. ¿Acaso es increíble pensar que una persona que está todo el día hablando de límites haya sido capaz de ponerse unos bastante decentes a sí misma?

Aquí tienes una lista de las cosas que hago para reducir la posibilidad de quemarme

- Tengo un tope de entre quince y veinte clientes a la semana.
- Dedico tres días a recibir a mis clientes, y los otros dos escribo o trabajo en otros proyectos.
- Trato a clientes solo dentro de mi área (problemas en las relaciones).
- Antes de aceptar a un nuevo cliente, hablo con él para ver si compartimos la misma energía.
- Informo a mis clientes de mis límites en lo que a contactarme fuera de las sesiones se refiere.
- Los días en que trato a clientes, procuro gestionar mi energía, es decir, intento evitar conversaciones fuera del trabajo que me dejarían agotada.
- Antes de la primera sesión, me quedo en silencio unos minutos, y aprovecho para pensar en el día y para fijar el tono que voy a usar.
- Soy consciente de que no debo hacer de psicóloga fuera de las horas de trabajo, así que no atiendo fuera de mi horario.
- Yo también voy a terapia para procesar los problemas que surgen en mi vida.
- Me tomo varios periodos de vacaciones a lo largo del año.

Unas cuantas maneras de evitar el síndrome de estar quemado

- Aprovecha todos y cada uno de los días de vacaciones que te da el trabajo. Las vacaciones son una oportunidad para recargar las pilas y restablecerte. Aprovéchalo cuando tu jefe te ofrezca vacaciones pagadas. Si tu jefe no te las ofrece, ahorra (si puedes) y tómate un tiempo para recargar. Estar fuera del puesto de trabajo es un modo muy positivo de recuperar energía.

- Procura tener tiempo para ti fuera del trabajo. Busca una afición que no tenga nada que ver con tu profesión y practícala con regularidad.

- Come alejado de tu mesa o de tu despacho. Si debes comer en el sitio en el que trabajas, no trabajes mientras comes. Aprovecha para meditar, para ver un capítulo de *The Office*, para salir a dar un paseo o come con un compañero mientras habláis de cosas que no tengan nada que ver con el trabajo.

- Prioriza el tiempo para ti tanto antes como después del trabajo. Antes de empezar la jornada, tómate unos minutos para practicar una técnica de relajación, como meditar, leer algo que te anime o ver un vídeo motivador. Tomarte unos instantes antes, a lo largo y después del trabajo te ayudará a centrar los pensamientos, a reducir el pulso cardiaco y a darte cierto equilibrio.

Cómo establecer límites en el trabajo

1. Identifica las áreas en las que necesitas límites. Para descubrirlas, conecta con tus sentimientos. ¿Qué hace que te quedes hasta tarde? ¿Qué parte de tu trabajo te hace sentirte agobiado o quemado? Uno de los primeros empleos que tuve fue

de agente a cargo de jóvenes en libertad condicional. Los trabajadores sociales son uno de los gremios con mayor índice de hartazgo, y en mi oficina no era distinto. Con innumerables casos, crisis diarias y muchas demandas, esa organización era el lugar perfecto en el que tener límites. Sabiendo que el trabajo podía ser impredecible, fui proactiva y terminé todo lo posible por adelantado, como los planes de tratamiento y los informes de seguimiento. Eso me evitó mucha frustración cuando me veía en plena crisis. Aprendí a organizarme porque me harté de la frustración que me despertaba la desorganización. Me ayudaba que, a pesar de trabajar a jornada completa, era una estudiante que por la noche iba a clase o a prácticas. Si quería conservar el trabajo, debía ponerme límites claros para así salir de allí a tiempo.

2. Si lo ves posible, trabaja solamente en tu puesto de trabajo.

3. Date permiso para tener límites en el trabajo. Que estés trabajando no significa que no puedas marcar límites. Reprimir lo que necesitas te llevará a estar resentido con tus compañeros y con tu jefe.

4. No dejes pasar los problemas antes de decidirte a establecer límites. Comienza a ponerlos en cuanto te des cuenta de que empieza un problema.

5. Sé coherente y respeta tus límites para enseñar a los demás a respetarlos. Si escoges verbalizar tus expectativas, dilo alto y claro.

Ejemplos de límites en el trabajo

- «No voy a poder encargarme de más proyectos.»
- «No me quedaré después de las cinco de la tarde.»
- «Cuando esté de vacaciones, no miraré el correo del trabajo.»

- «Necesito más ayuda con mi volumen de trabajo.»
- «En el trabajo no hablo de cuestiones personales. Me siento incómodo.»
- «Si quieres hablar, vayamos a comer juntos; de este modo, podré concentrarme en nuestra conversación.»
- «Gracias por invitarme a salir contigo este finde, pero no voy a poder.»
- «No me apetece ir a tomar algo al salir del trabajo, pero ¿qué te parece ir a una clase de yoga?»
- «Si me pides que te ayude fuera de la jornada laboral, no voy a poder. Me gusta pasar tiempo con mi familia.»
- En el caso del trabajo, no pasa nada por dar detalles de por qué dices que no, por ejemplo: «No voy a poder ayudarte con este proyecto porque estoy ayudando con el suyo a... ».
- Échate una siesta durante tu pausa para comer; hay estudios que demuestran que las cabezaditas ayudan a ser autodisciplinado y a concentrarse.[2]
- Cierra la puerta de tu despacho para evitar distracciones.
- Desarrolla estrategias para no llevarte trabajo a casa, siempre que sea posible.

Cómo establecer límites fuera de la oficina

- Utiliza todos los días de vacaciones asignados. Según la organización U. S. Travel Association, en 2018 los trabajadores estadounidenses desaprovecharon 768 millones de días de vacaciones pagadas, un 9 % más que en 2017.[3]

- No mires el correo del trabajo durante el fin de semana.
- No te pases por la oficina durante el fin de semana para ponerte al día.
- No trabajes durante las vacaciones, salvo en caso de emergencia. Especifica quién te va a cubrir y delega todo lo que puedas mientras estés fuera.
- Busca aficiones y actividades que no tengan nada que ver con tu trabajo.
- Si tienes un trabajo estresante, limita la manera en que hablarás de ello con los demás, a no ser que sea con tu psicólogo. Lamentarte de todo lo que detestas no hará que mejoren tus sentimientos.
- No ofrezcas tus servicios profesionales gratis a amigos o a familiares. Si eres contable, por ejemplo, remite a tus amigos y familiares a otro contable.
- Cuando estés de vacaciones, pon una respuesta automática en el correo y en el buzón de voz. Haz que quien te llame deba recurrir a otra persona, para así reducir el número de cuestiones que deberás abordar a tu regreso.
- Delega las tareas que puede hacer otra persona. Los directivos ejecutivos no deberían responder al teléfono. Los médicos no deberían preparar los quirófanos antes de una operación.
- Prioriza las tareas según la urgencia y el plazo. No todos los asuntos de trabajo tienen la misma importancia.
- Minimiza las distracciones, como hablar con tus compañeros, si así te desvías de tus objetivos laborales.
- Pide ayuda cuando la necesites.
- Avisa a tu jefe de que te ha encargado demasiado trabajo cuando así sea.

Límites para emprendedores

- Cobra tus honorarios por completo.
- Si ofreces un descuento, hazlo con moderación.
- No trabajes todo el tiempo. Tómate descansos. Para. Como emprendedora que soy, sé que siempre vas a tener trabajo que hacer, pero ¿sabes qué? Tú eres tu jefe, así que puedes definir tus límites.
- Evita frases que se refieren a trabajar sin descanso, como «más deprisa», «sin parar» y «ya descansaré luego».

CÓMO COMUNICAR TUS LÍMITES A TU JEFE

Los demás basan tu capacidad para llevar algo a cabo en lo que consideran razonable para tu papel, en las necesidades de la empresa en la que trabajas y, a veces, en lo que tu jefe se ve capaz de hacer. Por ejemplo, si un jefe trabaja por las noches mientras está de vacaciones, quizá espera que tú hagas lo mismo. Actuar de forma contraria tal vez esté mal visto.

Cuando ese sea el caso, es responsabilidad tuya defender unas expectativas razonables y no acatar las peticiones basadas en la falta de límites de tu jefe. Por supuesto, jamás digas: «No eres razonable porque no tienes límites saludables». En cambio, sí puedes decir: «Para mí es importante recargar las pilas cuando no estoy en el despacho, para así estar totalmente concentrado cuando trabajo. Me gustaría restringir mi trabajo, lo máximo posible, a los siguientes horarios».

Cuando comuniques tus necesidades a tu jefe, asegúrate de utilizar la primera persona del singular. Que la conversación gire en torno a ti, no en torno a él.

No digas: «Siempre me asignas tareas cuando sabes que estoy a tope». Si afirmas eso, quizá tu jefe se sienta atacado y probablemente esté menos dispuesto a tener en cuenta tu petición.

Por el contrario, di: «Se me da mejor trabajar con plazos. Si me asignas algo nuevo, priorizaré ese encargo, pero si hay algo urgente, házmelo saber, por favor».

Si tu jefe se niega a aceptar límites saludables, incluye a otra gente en la ecuación. Habla con el departamento de recursos humanos si no consigues resolver el problema con tu jefe.

DECIR QUE NO A INVITACIONES Y A QUEDADAS DESPUÉS DEL TRABAJO

La mayoría de nosotros nos pasamos entre treinta y cinco y cuarenta horas a la semana trabajando. En la oficina, es probable que establezcas unos vínculos saludables que tarde o temprano se conviertan en amistades. Pero ¿qué ocurre cuando no quieres quedar después del trabajo ni ir a comer con tus compañeros o con tu jefe?

Ejemplos de límites en esta situación

- No quedar con algunos compañeros al salir del trabajo.
- No ofrecerte para ayudar a tu jefe con cuestiones personales.
- Dejar que un compañero te siga en las redes sociales, pero restringir lo que verá.
- Silenciar a un compañero cuyos comentarios no agradeces.
- No darle a un compañero tus cuentas en redes sociales.

Cómo decir que no a una invitación

- «Gracias por invitarme a tu fiesta de cumpleaños, pero no voy a poder ir.»
- «Es muy amable por tu parte que me invites a comer, pero me gustaría pasar un tiempo a solas.»
- «Al salir del trabajo, me gusta ir a casa y relajarme.»
- «¿Y si en lugar de darnos las cuentas en redes sociales nos damos el teléfono?»
- «Soy una persona bastante casera, así que no me interesa.»

SUPERAR EL MIEDO A LA PERFECCIÓN

El trabajador perfecto no existe. Puedes tener límites éticos y seguir siendo un buen trabajador, compañero o emprendedor. En todos los trabajos hay una persona que tiene por lo menos un límite que todo el mundo valora en ella. En este caso, copia lo que ves.

Si resulta que tienes un jefe con límites muy pobres, no te veas obligado a replicar sus problemas. Sé muy claro con tus límites, y si alguien los pone a prueba, dilo de inmediato.

Es cierto que ponerse límites a veces fastidia a los demás. Ten en consideración lo siguiente: el trabajo es el lugar en el que pasas la mayor parte de tu tiempo, y tu tiempo es muy valioso. Por lo tanto, estar cómodo allí donde pasas más tiempo es vital para tu bienestar.

PREGUNTAS PARA REFLEXIONAR

- ¿Qué límites crees que pueden implementarse en cualquier ambiente de trabajo?
- ¿Cuál es tu horario laboral?
- ¿En qué ocasiones estás dispuesto a trabajar fuera de dicho horario?
- Teniendo en cuenta lo que sabes de tu jefe, ¿cuál es la mejor manera de ponerte límites con él?
- ¿Ves necesario establecer alguno con tus compañeros?
- ¿Cómo crees que te vas a beneficiar de marcar límites en el trabajo?

Las redes sociales y la tecnología

> La autodisciplina es el acto de crear límites
> para ti mismo.

Lacey, la novia de Tiffany, vivía pegada al móvil. Lo llevaba de una habitación a otra, y hasta se pasaba una hora en el baño con él. Siempre que Tiffany le preguntaba qué hacía, Lacey respondía desde el otro lado de la puerta: «¡Estoy en el baño!».

Tiffany estaba convencida de que el uso que le daba Lacey al móvil le impedía conectar con ella. Como estudiantes a tiempo completo que no vivían juntas, el tiempo del que disponían era limitado. Y lo era aún más desde que Lacey pasaba una parte sustancial mirando esa pantallita. Incluso cuando salían con amigos, Lacey echaba repetidos vistazos a su móvil.

En mis sesiones, Tiffany describió su relación con Lacey como un factor de estrés. Quería a su novia, pero detestaba que Lacey pareciera siempre estar muy ocupada. Sin embargo, nunca habían hablado directamente acerca del uso del móvil. Tiffany asumía más bien que Lacey debería haber aprendido la lección, pero llegamos a la conclusión de que quizá no la había aprendido.

Debatimos las maneras en que Tiffany podría abordar el problema de su relación. Nos pareció que la mejor opción era empezar con peticiones de este estilo: «Mientras veamos la peli, me gustaría que dejaras el móvil» o «Suelta el móvil para que nos cojamos de la mano». En cuanto se lo dijo, Tiffany se sorprendió de la facilidad con que Lacey lo acataba.

Era probable que Lacey no tuviera ni idea de que el uso que daba al móvil afectaba a su capacidad para conectar con su pareja. Se limitaba a distraerse en momentos que para ella eran descansos.

La gente, a menudo, se queja de que la tecnología se inmiscuye en sus relaciones. A lo largo de este capítulo, utilizaré el término *tecnología* para describir el tiempo que pasamos en internet, en las redes sociales, viendo la televisión o jugando a videojuegos.

Ni mucho menos, la tecnología es mala *per se*, por supuesto. Pero, a veces, la gente la utiliza de una manera excesiva o dañina, o bien como una vía de escape y distracción. Cuando nos sentimos incómodos, se ha vuelto habitual que nos distraigamos con nuestros dispositivos electrónicos.

Yo misma he tenido que aprender a gestionar el tiempo que dedicaba a la tecnología. En junio de 2019, aparecí en un artículo de *The New York Times* titulado «Instagram Therapist Are the New Instagram Poets».[1] A partir de ese momento, mi popularidad en Instagram aumentó considerablemente.

Todo empezó en 2017, cuando comencé a publicar contenido relacionado con el bienestar mental y emocional, con los claros beneficios de la terapia, y consejos sobre problemas en las relaciones. De enero a julio de 2019, pasé de dos mil a cien mil seguidores. Lo más curioso de mi crecimiento en las redes sociales fue que apenas las había usado antes de 2017, ni personal ni profesionalmente. Tuve una cuenta de Facebook de 2009 a 2010, y un perfil personal de Instagram, pero casi nunca publicaba nada, y solamente seguía unas pocas cuentas. No utilicé redes sociales a diario hasta que me abrí la cuenta de Instagram profesional (@nedratawwab).

Durante muchos años, experimenté la alegría de estar al margen de las redes sociales. No adentrarse en ese bucle tenía muchísimas ventajas. Por ejemplo, me lo pasaba en grande cuando la gente me contaba sus interpretaciones acerca de lo que sucedía en el mundo según las redes sociales. Asimismo, no tuve que lidiar con la incomodidad que implica seguir a ciertos amigos, compañeros o miembros de la familia y no a otros. Incluso ahora, como una persona que participa regularmente en redes, me encargo de que mi experiencia en estas encaje con mis objetivos. A saber: si intento ahorrar dinero, no sigo a *influencers* de la moda que me animarían a comprar; si me interesan los platos veganos, sigo varias cuentas dedicadas a ese tema.

Pasar de no usar apenas las redes sociales a ser una *influencer* ha sido toda una aventura. Lo disfruto de muchas maneras, pero hay veces en que yo también experimento las desventajas, como deber gestionar el tiempo que invierto en ellas. Y no me escapo de bregar con los comentarios negativos y de gestionar las expectativas de mi comunidad.

Cosas que me obligo a recordar cuando publico en redes sociales

- Siempre habrá alguien cuyos estándares no vas a cumplir.
- La gente es mucho más brusca cuando cree que no vas a responder.
- Hay personas a las que les gusta discutir.
- En cuanto empiezas a responder, accedes a tomar parte en una discusión.
- Lo que los demás dicen de ti está basado en ellos, no en ti.
- No vas a agradar a todos, porque las necesidades de cada uno son distintas.

- Que te expliques una y otra vez no significa que la gente vaya a pillarlo tarde o temprano.
- A veces, debes decir adiós a ciertas personas: siempre tienes la opción de bloquearlas.
- Proteger tu energía es responsabilidad tuya.
- Hay gente que se cree con derecho a disponer de tu tiempo, pero eres tú el responsable de gestionar tu tiempo.

Como vivimos en un mundo digital, la tecnología es una parte importantísima de la forma en que funcionamos. Pero, aunque la tecnología esté muy presente a nuestro alrededor, podemos encargarnos de tener una experiencia digital saludable.

Aquí tienes unas cuantas señales que tal vez sugieran que necesitas límites con el uso de la tecnología

- No paras de mirar el móvil cuando en teoría deberías estar concentrado en otra cosa.
- Te pasas ingentes cantidades de tiempo con el móvil. De media, una persona utiliza el móvil unas tres horas al día.[2]
- En las reuniones sociales, en lugar de hablar con la gente estás pegado al móvil.
- A menudo utilizas el móvil como una vía de escape para huir del trabajo, de tus hijos, de las tareas que debes terminar o de la gente con quien deberías hablar.
- Los demás se han quejado del uso que le das a la tecnología.

- Utilizas el móvil mientras conduces.
- El uso que das a la tecnología influye en tu capacidad para funcionar en otras áreas, como en los estudios, en el trabajo o en casa.
- Tu uso de la tecnología es dañino para tu salud mental o emocional.

CÓMO GESTIONAR LA AVALANCHA DE INFORMACIÓN DE LA ERA DIGITAL

Como psicóloga, a menudo he oído a la gente hablar de las desventajas de las redes sociales: sentirse marginado, compararse con los demás y la presión del postureo. Me preocupaba que todo eso me absorbiera a mí. También me daba miedo contribuir a que los demás se sintieran inferiores o celosos. Pero lo que he aprendido es que no vas a controlar cómo responde la gente a lo que compartes.

Ni que decir tiene que, como psicóloga que soy, publico contenido a sabiendas, y procuro tener en cuenta cómo se recibirán mis publicaciones. No obstante, casi siempre hay alguien en algún sitio que interpreta mi mensaje de una manera que difiere de la intención original. He aprendido que sus interpretaciones poco tienen que ver conmigo, sino con lo que sea que ocurre en su propia vida.

En gran medida, nuestro consumo digital entra dentro de nuestro control. Cuando no nos gusta lo que vemos, tenemos la posibilidad de seguir mirando o de pasar a otra cosa. En el momento en que continuamos haciendo algo que nos molesta, aceptamos que nos molesten.

Gestionar las malas noticias cuando inundan la televisión e internet
«Eres» las cuentas a las que sigues, los vídeos que ves y las páginas que visitas. Tienes el poder de elegir tu experiencia de usuario. En momentos en que ocurre algo importante en el mundo, eres capaz de alejarte de las fuentes que te agotan la energía. Si para estar informado debes pagar el precio de tu salud, toma la decisión temporal de minimizar tu uso de la tecnología.

Límites sugeridos para gestionar el consumo de malas noticias

- Desactiva las alertas del móvil.
- Establece el momento concreto del día en que verás o escucharás las noticias.
- Deja de seguir a la gente que no para de publicar tragedias o temas que afectan a tu estado de ánimo.
- Informa amablemente a los demás de cuándo no te apetece oír una noticia en particular.
- Cuando ocurre algo importante en el mundo, no pasa nada por estar un tiempo alejado de internet, de la televisión y de las redes sociales.
- Entra en tu plataforma de contenidos audiovisuales favorita y empieza a ver una serie nueva.

En definitiva, reconcíliate con la necesidad de estar a veces fuera de onda, de no ver todos los memes y de no ser capaz de enumerar todos los detalles de lo ocurrido. Aunque dar un paso al lado te despierte el miedo a estar desinformado, puede ser una manera muy útil para dedicarte a otras áreas de tu vida. En cuanto te sientas mejor, o cuando la noticia se haya sosegado, siéntete libre para volver al mundo digital.

Seguir a amigos, familiares y compañeros

Seguir a gente en las redes sociales se ha convertido en una estupenda manera de estar en contacto. Hoy en día, en lugar de dar nuestro número de teléfono, muchas veces damos nuestro perfil de Instagram. Pero cuando has empezado a seguir a alguien, ¿cómo paras? Cuantas más cuentas sigues, más aprendes de cómo son esas personas y cómo quieren mostrarse a los demás. Si te gusta lo que representan, es maravilloso compartirlo con ellos. Pero cuando descubres que tu compañera de trabajo favorita tiene la relación sentimental más desagradable del mundo con su novio, siempre presente en sus publicaciones, cuesta olvidar lo que no deseabas saber. Y también cuesta dejar de seguir a alguien a quien ves a menudo en vivo y en directo.

Quejas habituales

«No me gusta seguir a mi amiga porque finge ser alguien que no es.»

«Mi hermana publica demasiadas fotografías de sus hijos.»

«Me molesta leer los comentarios políticos de mi jefe, pero me da miedo dejar de seguirle.»

Solución

En internet, una persona puede ser la versión de sí misma que quiera. No vas a poder controlarlo, pero sí puedes elegir si la sigues o no. Si no te sientes cómodo dejando de seguirla, siléncialo u oculta su perfil, si tienes la opción.

Límites sugeridos para relacionarte en internet con gente conocida

- Crea una cuenta privada para que sea difícil que la gente te siga.

- Sigue tus conocidos, pero oculta sus publicaciones si no te sientes cómodo con la idea de dejar de seguir su cuenta ni de bloquearla.
- Opta por dar el número de móvil en lugar de tus perfiles de redes sociales.
- Sigue a aquellos con cuyas publicaciones disfrutas de verdad.

Como usuaria activa de redes sociales que soy, he listado un conjunto particular de límites que publico con frecuencia y tengo destacado en mi página de Instagram. No estoy sugiriendo que todo el mundo escriba una lista de límites. Aun así, creo que es algo que tener presente si vas a utilizar las redes sociales con intención profesional, si eres *influencer* o si recibes un montón de peticiones. Hablar de tus límites abiertamente es una manera de resumir las instrucciones para tu comunidad.

Mis límites en Instagram

1. Soy una psicóloga licenciada. No hago terapia por mensajes privados. No opino sobre decisiones vitales, como «¿debería dejar a mi novio?». Esas decisiones las debes tomar tú. No confirmo ni niego si aciertas o si te equivocas en las decisiones que tomas.
2. Soy generosa con la creación de contenido. Agradezco que me pidan un tipo de publicación en especial. Sin embargo, yo creo a partir de mi inspiración, de las necesidades de mi comunidad y de la materia que domino.

3. Recibo un montón de peticiones para ayudar a encontrar psicólogos. No conozco a profesionales de todas las ciudades, estados o países. Recurre a Google para encontrar a un psicólogo de tu zona.

4. Tienes libertad para publicar mi contenido. Cita siempre la fuente, eso sí.

5. Me respeto a mí misma (y a mi comunidad) al borrar comentarios y bloquear a gente crítica, mezquina o desdeñosa.

6. Si eres cliente mío, puedes seguirme. Por razones éticas, no voy a corresponder (por ejemplo, no sigo a mis clientes ni respondo a los mensajes privados que me mandan).

7. Si tienes preguntas, te pido que las formules los lunes durante mi sesión de preguntas y respuestas.

8. Recuerda que soy humana. No puedo responder a todos los comentarios o mensajes privados, pero procuro leer el mayor número posible.

9. Si estás en una crisis de salud mental, llama al teléfono de emergencias o busca a un psicólogo cerca de ti.

Aunque exprese con claridad mis límites, siempre hay gente que intenta ponerlos a prueba. Defenderlos y remitirme a lo verbalizado es responsabilidad mía.

PROBLEMAS HABITUALES CON LOS LÍMITES DE LA TECNOLOGÍA

Pasar muchísimo tiempo viendo la televisión
En la actualidad, la televisión va contigo estés donde estés. Puedes ver tu serie o tu programa favorito en la tableta o en el móvil, y

también en la televisión que tengas en casa. Mi preferencia personal es el iPad. Es portátil y práctico. Pero el consumo televisivo se convierte en un problema cuando te distrae de llevar a cabo tus tareas o cuando reduce tu capacidad para participar en el resto de las áreas de tu vida.

Por ejemplo, quizá te quedes despierto hasta tarde, noche tras noche, viendo la televisión y afrontando al día siguiente las consecuencias de la privación de sueño.

Pasar muchísimo tiempo en las redes sociales

Según un artículo de *The Washington Post*, 3.725.000 millones de personas utilizan las redes sociales. Es decir, la mitad de la población mundial. De media, los adolescentes se pasan unas nueve horas al día en las redes sociales.[3] ¿Cuánto tiempo inviertes tú en ellas? Sé que cuatro horas parecen una barbaridad, pero si consideras cuánta gente mira las redes pasivamente mientras espera a que lleguen sus amigos o mientras hace cola, los minutos se van sumando. Este uso solo se convierte en un problema cuando exploras las redes sociales en momentos en que deberías estar haciendo otras cosas, por supuesto.

Pongamos, por ejemplo, que debes llegar al trabajo a las ocho de la mañana. Te levantas a las siete porque sabes que tardas quince minutos en desplazarte, pero te quedas cuarenta y cinco minutos remoloneando en la cama y mirando las redes sociales. Como consecuencia, acabas llegando tarde al trabajo. Al final, el uso que das a la tecnología afecta a tu obligación de ser un trabajador puntual.

Como psicóloga, sé que la conveniencia depende de muchísimos factores. Si eres padre de un niño pequeño, por ejemplo, tal vez sea poco conveniente pasarte cinco horas diarias en las redes sociales mientras crías a tu hijo. Sin embargo, si estás soltero y no tienes hijos, pasarte un sábado cinco horas en las redes no tendrá impacto en el resto de las áreas de tu vida. Me pregunto, eso sí, en qué otras cosas podrías haber invertido tu tiempo, qué sacas de estar constantemente en línea y qué significa tu nivel de consumo digital. Al final, es tan importante por qué utilizamos las redes como cuánto las utilizamos.

En el libro de Nir Eyal *Indistractable: How to Control Your Attention and Choose Your Life*, se ofrece la perspectiva de que las redes sociales y los dispositivos electrónicos no son el problema.[4] Más bien, son las personas las que se crean problemas con el uso que dan a las redes sociales y a la tecnología. Es importante entender el motivo que está detrás de ese uso. ¿Es deliberado? ¿Es un reflejo de algo? ¿Es problemático?

LÍMITES QUE TENER EN CUENTA

Si no puedes salir de la cama sin haber cogido antes el móvil
No duermas con el móvil cerca de la cama.

Déjalo lejos de la cama, para así tener que cruzar la habitación para cogerlo.

No duermas con el móvil en tu habitación.

En lugar de coger el móvil, piensa en otras maneras en que te gustaría pasar los primeros momentos del día, como leer el periódico, acurrucarte con tu pareja, estirarte o cepillarte los dientes. Busca otra cosa que hacer.

Si miras el móvil regularmente
Aleja el móvil de ti. Déjalo cargando en otra habitación. Prueba a apagarlo varias horas al día. Escoge los momentos en que curiosearás las redes sociales y decide en qué momentos te lo vas a prohibir.

Si pasas demasiado tiempo en las redes sociales
Haz un seguimiento del uso que haces de ellas. Los iPhone te permiten poner un límite temporal a tus sesiones en las redes sociales,

y cuando hayas llegado a ese límite, te desconectará de esas aplicaciones o se te preguntará si quieres exceder el límite marcado. En algunas aplicaciones, puedes activar una alarma que te recuerde el tiempo de cada sesión. Respeta tus límites y respeta las limitaciones temporales que te has puesto.

Si tienes la autoestima baja, poca confianza en ti mismo,
si sientes envidia o resentimiento
En una encuesta de mi Instagram, el 33 % de los participantes dijeron que para ellos era difícil dejar de seguir a alguien cuando el contenido de la otra persona les molesta o les deja indiferente.

Sé muy consciente de a quién sigues y para qué. Aunque todos tus amigos sigan a un famoso *influencer*, tú puedes elegir no seguir a esa persona si ves que envidias su estilo de vida y te hace sentirte peor con el tuyo. Deja de seguir, bloquea y silencia a quienes te hagan sentir incómodo. Es probable que tu reacción deba analizarse con más detalle, pero trabaja en ti mismo y ya revisarás luego esas cuentas.

ADULTOS INCAPACES DE SOLTAR LOS DISPOSITIVOS ELECTRÓNICOS

Una amiga me contó que su hijo pequeño le preguntó un día: «¿Quieres a tu móvil más que a mí?». Se sintió dolida, pero dolido estaba también su hijo. Los dispositivos son como un portátil manual: vemos la televisión, escuchamos pódcast, compramos, socializamos y muchísimo más. Pero ¿a qué precio?

¿Estás comprando con el móvil mientras tus hijos intentan contarte cómo les ha ido el día? ¿Estás socializando con tus amigos cibernéticos mientras cenas con tus amigos de carne y hueso? Entonces, necesitas parámetros.

Preguntas sobre los límites

1. ¿En qué momentos tal vez sea inapropiado usar el móvil?
2. ¿Cómo practicar estar presente con los demás?
3. ¿Pasa algo si no se está disponible en todo momento?

LOS NIÑOS Y LOS DISPOSITIVOS

Es inevitable que los niños utilicen dispositivos, pero los adultos somos los responsables de crear límites acerca de cómo y cuánto usarlos.

Límites sugeridos

- No permitas el uso de dispositivos en la mesa.
- No dejes que los usen mientras hacen deberes, a no ser que los necesiten para la tarea en cuestión.
- No consientas el uso de dispositivos en momentos concretos de la noche o de los fines de semana.
- Incorpora pausas para moverse durante el tiempo invertido en dispositivos.
- Instala aplicaciones de control parental.
- Monitoriza el uso de las redes sociales.
- Quita las televisiones de los cuartos de los niños.
- Sé un modelo apropiado del uso de dispositivos.
- Úsalos con tus hijos y comenta con ellos los contenidos que están viendo.
- Háblales de las diferencias entre un uso correcto y un uso incorrecto de las tecnologías.

El FOMO (siglas en inglés de *Fear of Missing Out* o «miedo a perderse algo») es muy real. A la gente le preocupa tantísimo estar informada que se pasa interminables cantidades de tiempo intentando conectarse con lo que está de moda. Estar al corriente de todo requiere dinero, tiempo y energía. Por desgracia, con las redes sociales recibimos un aluvión constante de imágenes, textos y vídeos de personas que en teoría se lo pasan estupendamente. Casi nunca nos preguntamos el tiempo que necesita un *influencer* para publicar la imagen perfecta.

Lala Milan, una *influencer* de Instagram con más de tres millones de seguidores, dice que tardó seis horas en grabar y editar un vídeo de sesenta segundos. Hay empresas que incluso empiezan a crear experiencias fotográficas en redes sociales para llegar a la gente que ansía la foto perfecta.

Las redes sociales prestan una atención a la gente de maneras que eran inimaginables antes de su invención. Lo peor es ver que tus amigos, tus ex o tus compañeros se lo pasan en grande sin ti. Al sentirnos marginados, nos preguntamos quiénes somos o la importancia que tenemos en la vida de los demás. Si te da miedo perderte algo, mira bien a quién sigues. Si sigues a gente a la que no conoces, piensa en el impacto que tiene para tu salud mental el hecho de seguirla. Si sigues a gente que conoces, no permitas que tu ego se entrometa. Diles que te encantaría que contaran contigo para su próxima aventura. Invítalos a hacer algo contigo. Pero ten en cuenta, asimismo, que esa vida social en la que tú no participas no es un reflejo de la relación que tienen contigo.

Como medio mundo tiene perfiles en las redes sociales, podrás encontrar a la persona de la que te hayas encaprichado, a tus ex y a un montón de gente nueva. Si eres una persona soltera, disfrútalo. Si tienes pareja, crea unos límites sobre el uso de la tecnología. Cuando una pareja no ha comunicado sus límites, con total seguridad se van a transgredir los límites no verbalizados.

Preguntas para parejas acerca de los límites en las redes sociales

- ¿Podéis seguir a vuestros ex o a personas con quienes habéis mantenido relaciones sexuales en el pasado sin que pase nada?
- ¿Cómo abordaréis los mensajes privados de la gente que parece interesada en vosotros desde un punto de vista sentimental?
- ¿Os vais a seguir mutuamente en las redes sociales?
- ¿Hay expectativas sobre la publicación de imágenes del otro?
- ¿Podéis hablar en internet o en las redes sociales de los problemas de vuestra relación sin que pase nada?
- ¿Cuál es vuestra filosofía sobre los «me gusta» dados a fotos sugerentes?
- ¿Hay algunas cuentas en particular que preferiríais que vuestra pareja no siguiera?

Hablar de vuestros límites evitará problemas comunes que supongan una amenaza para vuestra relación.

ESTRATEGIAS PARA MINIMIZAR LA AVALANCHA DE INFORMACIÓN DIGITAL

Limpieza de las redes sociales
Hay dos maneras de hacer una limpieza digital.

Opción 1
Para limitar el tiempo que pasas en las redes sociales, evita utilizarlas en ciertos momentos. A mucha gente le resulta útil desinstalarse las aplicaciones de redes sociales del móvil, para que así cueste más echar un vistazo.

Opción 2
Reduce tu compromiso con las redes sociales.

Restringe el número de cuentas a las que sigues. Por ejemplo, puedes ponerte un tope y dejar de seguir a la mitad.

Utiliza un cronómetro y respeta el tiempo que has establecido.

Utiliza las redes sociales solo en ciertos momentos.

Desinstálate las aplicaciones del móvil y utiliza las redes sociales solo cuando estés en el ordenador.

La tecnología es una parte de nuestras vidas, y nuestra dependencia hacia ella irá en aumento. Pero cómo la utilizas es responsabilidad tuya. La tecnología no es el problema. Las redes sociales no son el problema. Nuestra implicación y el consumo que hacemos de ellas sí son problemas importantes. La tecnología está a tu merced cuando descubres maneras de utilizarla en tu beneficio. Un uso responsable exige implementar límites acerca de cómo utilizarla.

Estos son algunos consejos adicionales:

- Limita tu acceso al no dejar varios cargadores en distintos lugares.
- Deja que se le acabe la batería a tu móvil. Invierte el tiempo que está cargándose para recargarte tú.
- Utiliza un cronómetro para monitorizar el uso que haces de la tecnología.
- Elimina aplicaciones innecesarias. Las que no hayas utilizado en el último mes no son necesarias.
- Desactiva las notificaciones. Los avisos te animan a coger el móvil.
- Crea normas sobre el uso del móvil. Empieza a lo grande y ve reduciendo poco a poco el tiempo que pasas con él, hasta que te sientas cómodo.
- Deja de seguir a quienes no son amigos tuyos de verdad.
- Deja de seguir a quienes te hagan sentirte mal contigo mismo.

PREGUNTAS PARA REFLEXIONAR

- ¿Cuántas horas te pasas utilizando la tecnología?
- ¿Cuántas horas te gustaría pasar utilizando la tecnología?
- ¿Qué límites te gustaría marcar en el uso que das a las redes sociales y los juegos digitales?
- ¿Cómo te sientes cuando ves que estás utilizando la tecnología inconscientemente?
- ¿Qué hábitos saludables te gustaría implementar en lugar de consumir tecnología?

Y ahora, ¿qué?

> Tu bienestar depende de tus límites.

La primera vez que fui a terapia, estudiaba en la universidad. Como la mayoría, decidí ir por los problemas con las relaciones, por la ansiedad, por el desequilibrio entre vida y trabajo; no tenía ni idea de cómo denominar los problemas a los que me enfrentaba al relacionarme con los demás. Lo único que sabía era que la gente siempre intentaba que me sintiera mal y hacerme chantaje emocional si ponía límites, como «ya no voy a dejarte más dinero», «si te presto el coche, llénalo de gasolina» o «no puedo hacer de canguro porque tengo clase». Estaba constantemente frustrada y resentida, porque las personas de mi vida siempre me pedían cosas y nunca estaban ahí para mí cuando las necesitaba.

Después de varias sesiones, mi terapeuta me aconsejó que leyera *Donde terminas tú, empiezo yo*, de Anne Katherine. Con la ayuda de mi terapeuta y del libro, empecé a sentirme mejor al decir que no y al pedir lo que necesitaba.

Depende de a quién me dirija, todavía, a veces, me siento rara al verbalizar una petición. Pero lo hago de todos modos, porque al final sé que estaré mejor con límites saludables en mis relaciones. Prefiero lidiar con una incomodidad a corto plazo que con el resentimiento y la frustración a largo plazo.

En una relación saludable, es lícito, razonable y seguro que manifiestes tus límites. Sin embargo, ha de ser algo recíproco. Tú tienes tus límites, y es probable que el otro tenga los suyos. Por ejemplo, tu jefe quizá tiene el límite de que te presentes cinco minutos antes de empezar las reuniones, y tú tal vez tengas el límite de no trabajar durante los fines de semana. Respetar los límites de los demás es una manera preciosa de insuflar respeto hacia los tuyos.

Cuando alguien implementa un nuevo límite contigo, como «me gustaría que dejaras el móvil mientras cenamos», la mejor forma de responder es afirmar y respetar la petición. Verbalmente, tu respuesta podría ser esta: «Lo entiendo. Dejaré el móvil». Luego, asegúrate de apartar el teléfono de ti.

Después de haber leído este libro, sabes que, cuando una persona implementa un límite, lo hace para sentirse segura y feliz en esa relación. Los límites no deben tomarse como algo personal. El segundo acuerdo, y el que a mí me gusta más, del libro *Los cuatro acuerdos*, del doctor Miguel Ruiz, es este: «No tomes nada como personal».[1] Así pues, pase lo que pase a tu alrededor, no te lo tomes como algo personal. Nada de lo que hacen los demás es responsabilidad tuya. Es responsabilidad suya. Todos vivimos en nuestro propio sueño y en nuestra propia mente. Incluso cuando las palabras parecen algo personal, como un insulto directo, en realidad no tienen nada que ver contigo.

Casi siempre trabajo con mis clientes para despersonalizar los hechos y las interacciones con los demás. Al personalizar, negamos la historia personal y la del resto de las personas involucradas. Personalizar es la asunción de que todo gira en torno a nosotros.

Soy una de esas personas que, por ejemplo, prefieren que la gente se quite los zapatos en su casa. Creo firmemente que lo que llevamos en las suelas no tiene por qué llegar al interior de un hogar, y además así no tengo que fregar tanto. A los pocos días de fijar mi norma, varias personas la cuestionaron. «¿Por qué tengo que quitarme yo los zapatos?». Pero mi norma no se refería a ellos.

Y tampoco era una crítica al calzado que hubieran escogido, por supuesto.

Lo mismo ocurre con tus límites y con la gente que te pide que respetes los suyos. Sin cuestionártelo, o accedes a la petición o sufres las consecuencias de no hacerlo. Pero recuerda que esas consecuencias no las vas a decidir tú. Si tu límite choca con el de otra persona, es vital evaluar cuál de los dos es saludable y será más útil para vuestra relación. Recuerda que los límites rígidos no son saludables.

Establecer límites se divide en dos fases: (1) comunicárselos verbalmente a los demás, y (2) actuar, ya sea decidiendo unas consecuencias o evitando relacionarte con quien no puede o no quiere respetar tus límites.

Cuando ya has hecho todo lo posible, el límite definitivo tal vez sea el de poner fin a una relación no saludable. Es una circunstancia desafortunada, pero a veces inevitable. Cuando decides terminar una relación porque ya no es viable, recuerda que lo has intentado. Con la intención de arreglar la relación, ofreciste soluciones que podrían haber funcionado. Es probable que, si la situación cambia, te reconcilies con el otro.

Aquí tienes algunos consejos que tener en cuenta al reavivar una relación

- ¿Qué esperas que sea diferente?
- La situación o la persona, ¿ha cambiado de verdad?
- ¿Qué pruebas tienes de que la persona, o la situación, es distinta?
- ¿Estás al mismo nivel que la otra persona o quizá tan solo estás obsesionado con que esa relación sea fructífera?
- Si nada ha cambiado, ¿estás dispuesto a repetir lo que ya has vivido antes?

Esperar que una relación mejore sin evaluarla siendo realista te llevará a una situación similar o peor que en el pasado.

Al principio, puede que ponerte límites sea incómodo. Quizá te inunde la culpa. Tal vez te preguntes si estás haciendo lo correcto. Pero póntelos igualmente. Aparta a un lado la incomodidad y establécelos aunque tengas miedo. Te vas a poner a prueba para así ser más saludable y tener relaciones más saludables.

La ambivalencia es una parte del proceso, y cuando pruebas algo nuevo es totalmente normal sentirse inseguro. En cuanto empieces a ponerte límites, no te desvíes del camino, porque la coherencia es la fase más esencial del proceso.

Recuerda que no existe la posibilidad de poner límites sin sentirse culpable. Si quieres minimizar la culpa (que no eliminarla), cambia tu manera de pensar. Deja de considerar que los límites son crueles o que están mal; empieza a creer que son una parte innegociable de las relaciones saludables, así como el autocuidado y la práctica del bienestar.

Los límites saludables muestran de qué manera vas a asegurarte de ser feliz y estar bien en tus relaciones y en tu vida. Para implementarlos, exprésalos con suma claridad y respétalos con tus acciones. Recuerda que, cuando alguien no entiende o no acepta tus límites, es probable que te presione, que te cuestione, que los ponga a prueba, que te ignore o que desaparezca. Pase lo que pase, no dejes de establecerlos. Persevera y sé consciente de que tus límites no tienen por qué gustar a los demás. Te los pones para ti y para mantener relaciones saludables. Son una manera de fijar unas normas básicas para ti y para otras personas. Y son útiles en todas las áreas de la vida: con la tecnología, en el trabajo, en tu relación contigo mismo y en tu relación con los demás. Por lo tanto, es muy lícito tener límites y comunicarlos con asertividad. Solo con límites vas a coexistir pacíficamente con quienes te rodean.

A las situaciones, a las relaciones y a las personas les cuesta sobrevivir sin límites. Aquí tienes algunos de sus beneficios:

- La gente con límites duerme mejor.
- La gente con límites experimenta menos el síndrome de estar quemado.
- La gente con límites tiene relaciones más saludables, que tienden a ser más duraderas.
- La gente con límites experimenta menos estrés.
- La gente con límites se siente mucho más feliz.
- La gente con límites se beneficia, a corto y a largo plazo, de habérselos puesto.

Te agradezco muchísimo que estés dispuesto a ser valiente y a cambiar. Te prometo que el viaje hacia unos límites más saludables hace que valga la pena la incomodidad de ponerlos.

Establece tus límites, siendo consciente de que vas a mejorar tu vida, no a hacer daño a los demás.

TEST DE AUTOEVALUACIÓN

1. **«Le digo que sí a una persona cuando quiero decir que no.»**
    A. Sí, lo hago a menudo.
    B. Le digo que no y le cuento por qué, para que así no me lo vuelva a preguntar.
    C. Suelo decir que no sin pedir disculpas ni mentir sobre ello.

2. **«Tengo la sensación de que siempre debo salvar a la gente cercana a mí y arreglar sus problemas.»**
    A. No, no me involucro en los problemas de los demás.
    B. Sí, a menudo.
    C. No, sé cuáles son mis limitaciones y ofrezco lo que puedo cuando puedo.

3. **«A menudo termino metido en una pelea o en un debate absurdo.»**
    A. Sí.
    B. No, no me suele ocurrir.
    C. No, procuro mantener a la gente a cierta distancia.

4. **«Presto dinero a mis amigos o a mi familia porque me siento triste por ellos, culpable, obligado o amenazado.»**
    A. Sí.
    B. No, presto dinero con unas claras expectativas de cuándo me gustaría recuperarlo.

C. No, no me fío de los demás, o quiero conservar hasta el último céntimo que gano.

5. **«Es habitual que me lleve trabajo o estrés laboral a casa.»**

   A. Sí.

   B. No, nunca me llevo trabajo a casa, y no estoy dispuesto a ser flexible con eso. Cuando salgo del trabajo, desconecto y me da igual lo que ocurra.

   C. No, apago las notificaciones de trabajo e ignoro llamadas, mensajes o correos electrónicos. Una vez en casa, procuro estar con mis amigos, con mi familia o conmigo mismo. Hay algunas situaciones en que a lo mejor soy un poco flexible (en caso de emergencias o durante un gran proyecto), pero me encargo de que no me ocupe demasiado tiempo.

6. **«Creo que paso demasiado tiempo en las redes sociales.»**

   A. Sí.

   B. No, me gusta echarles un vistazo de vez en cuando, pero no pierdo el norte con ellas.

   C. Abro mi cuenta profesional de redes sociales en unos días o en unos momentos concretos. Después, cierro la sesión en el móvil.

7. **«Me siento culpable cuando le digo que no a alguien.»**

   A. Sí.

   B. No.

   C. No, me da igual lo que piensen los demás. Cuando me piden algo, me siento molesto, enfadado o frustrado.

8. **«Me veo arrastrado a actividades u obligaciones que no quiero hacer.»**

   A. Sí.

   B. No.

   C. No, la gente sabe que no debe pedirme ciertas cosas.

9. **«No me fío de la gente.»**

   A. Cierto.

   B. No es aplicable a todo el mundo.

C. No, me fío de todos, y eso a veces me causa problemas.

10. **«Cuento demasiadas cosas demasiado pronto.»**

    A. Sí.

    B. No.

    C. No me fío lo suficiente de la gente como para contarle información personal.

11. **«Soy capaz de oír lo que opinan los demás sin tomármelo como algo personal.»**

    A. Sí.

    B. No, tiendo a tomármelo como algo personal.

    C. No suelo pedirle ayuda a nadie. Creo que no me servirá de nada o que no me puedo fiar de nadie.

12. **«Cuando me tratan mal, no consigo defenderme.»**

    A. Cierto.

    B. No, corto por lo sano, insulto o critico a quien lo hace.

    C. No, soy capaz de decirles a los demás cómo me siento.

13. **«Me siento culpable por dedicarme tiempo a mí mismo.»**

    A. No, sé que necesito cuidarme para así poder cuidar de los demás.

    B. Sí.

    C. No, priorizo mis necesidades por encima de las de los demás.

14. **«Pido perdón por cosas que no son culpa mía.»**

    A. No, las cosas no son siempre culpa mía.

    B. Sí.

    C. No, pido perdón cuando he hecho algo de lo que soy responsable y sé que he hecho daño a alguien.

15. **«Estoy disperso y estresado porque tengo que hacer un millón de cosas y no dispongo de suficiente tiempo.»**

    A. Sí.

    B. No tengo muchas cosas entre manos, la verdad. Mi vida es tranquila porque no tengo muchos amigos ni compromisos.

C. No, he aprendido a decir que no, a externalizar, a delegar o a pedir ayuda para evitar sentirme disperso y estresado.

16. **«No digo lo que pienso cuando tengo algo importante que decir.»**

A. Cierto.

B. No, sé que mis ideas y opiniones son tan importantes como las de cualquiera.

C. No; de hecho, en el trabajo a menudo hago callar a los demás y no les doy la oportunidad de hablar.

Resultado

Comprueba qué tipo de límites son más perceptibles en ti.

1. A. Porosos. B. Rígidos. C. Saludables.
2. A. Rígidos. B. Porosos. C. Saludables.
3. A. Porosos. B. Saludables. C. Rígidos.
4. A. Porosos. B. Saludables. C. Rígidos.
5. A. Porosos. B. Rígidos. C. Saludables.
6. A. Porosos. B. Saludables. C. Rígidos.
7. A. Porosos. B. Saludables. C. Rígidos.
8. A. Porosos. B. Saludables. C. Rígidos.
9. A. Rígidos. B. Saludables. C. Porosos.
10. A. Porosos. B. Saludables. C. Rígidos.
11. A. Saludables. B. Porosos. C. Rígidos.
12. A. Porosos. B. Rígidos. C. Saludables.
13. A. Saludables. B. Porosos. C. Rígidos.
14. A. Rígidos. B. Porosos. C. Saludables.
15. A. Porosos. B. Rígidos. C. Saludables.
16. A. Porosos. B. Saludables. C. Rígidos.

Creado por Nedra Tawwab y Kym Ventola

PREGUNTAS MÁS FRECUENTES

¿Cuál sería un buen límite para una madre tóxica si no estás preparado para poner distancia con ella?

Cuando eres consciente de que una relación no es saludable, pero no estás preparado para abandonarla, puedes establecer límites contigo mismo respecto a cómo vas a involucrarte con esa persona.

Límites sugeridos

- Valora la posibilidad de hablar menos con tu madre. En lugar de hablar con ella a diario, prueba a hacerlo varias veces o una sola por semana.
- Limita la duración de las conversaciones. Una manera fácil de hacerlo sería establecer de antemano cuánto durará; por ejemplo, hablar con ella mientras vas de camino a un recado. Cuando llegues a tu destino, terminas la conversación.
- Respóndele cuando estés preparado y dispuesto a hablar, no todas las veces que te llame o te mande un mensaje.

¿Es necesario explicarle a un amigo o a un familiar por qué vas a distanciarte o que quieres cortar por lo sano?

Tú conoces mejor que nadie a los tuyos. Habrá quien escuche tus explicaciones y quien te ataque o intente defenderse. Antes de tratar un problema, recuerda con qué clase de persona vas a hablar. Si es probable que la situación se ponga violenta, quizá te interese más no mantener una conversación cara a cara; tal vez lo mejor sea enviarle un mensaje. Cuando sea posible, procura distanciarte poco a poco de esa persona, ya que a menudo es la manera más cordial de poner fin a una relación.

¿Cómo lidiar con un amigo o amiga que no para de quejarse del trabajo?

Podrías establecer límites en la frecuencia con que hablas con tu amiga o amigo acerca de ciertos temas en particular. Es extremadamente importante que tengas en cuenta si, quizá, sin tú quererlo, invitas a la otra persona a hablar contigo de sus problemas.

Fíjate en estas cuestiones:

1. ¿Se te ve interesado en el tema? Por ejemplo, si le preguntas por el trabajo, tal vez da la impresión de que quieres que te hable de eso.
2. ¿Le das consejos a tu amiga o amigo?
3. ¿Has intentado hacerle cambiar de tema?
4. ¿Le has sugerido que hablase sobre sus preocupaciones laborales con un profesional o con uno de sus superiores?
5. ¿Es consciente de que vuestras conversaciones a ti te quitan toda la energía? Si no lo es, cambia de tema para hablar de algo más trivial.

¿Cómo apoyar a un amigo o amiga que no quiere ir a terapia?

Decide cuánto le vas a escuchar y cuánto eres capaz de ayudarle. Elige mantenerte en tu papel de amigo, no de psicólogo. Dile que hay algunos temas en particular en los que no te sientes muy cómodo. Sigue sugiriéndole que vaya a terapia y cuéntale por qué crees que sería beneficioso para él o ella. Hay personas con heridas muy profundas que los amigos no ayudarán a cicatrizar.

¿Cómo le explico a un familiar que no puedo dejarle más dinero?

Cuando explicas tus límites, permites que la gente intente refutarlos. Tan solo di:

- «No».
- «No voy a poder ayudarte.»
- «Quizá pueda ayudarte con una parte.»
- «No puedo. ¿Has explorado otras opciones?»

¿Cómo establezco límites con mi hijo sin herir sus sentimientos?

Otras personas te han marcado sus límites a ti, y no te ha pasado nada. Pon tú los tuyos y dile que lo haces con amor. Los límites le darán cierta estructura a tu hijo.

¿Cómo dejar de sentirme culpable?

Cambia la narrativa de «todo es culpa mía» a «no soy el responsable de todo lo que sucede». Liberarte de la culpa es decir que quieres liberarte de las emociones. Ya debes de haber bregado con todos los sentimientos, incluyendo los celos, la alegría y la culpa. Cuanto más te centres en la culpa e intentes ponerle fin, más va a durar. Siente, y ya está. No juzgues lo que sientes.

NOTAS

Capítulo 2. El coste de no ponerse
unos límites saludables

1. A. Powell, «Study: Doctor Burnout Costs Health Care System $4.6 Billion a Year», *Harvard Gazzette*, 19 de julio de 2019, <https://news.harvard.edu/gazette/story/2019/07/doctor-burnout-costs-health-care-system-4-6-billion-a-year-harvard-study-says/>.

2. E. Nagoski y A. Nagoski, *Burnout: The Secret to Unlocking the Stress Cycle*, Nueva York, Ballantine Books, 2019.

3. Anxiety and Depression Association of America, «Facts and Statistics», Adaa.org, <https://adaa.org/about-adaa/press-room/facts-statistics>.

4. El ejercicio «¿Qué hay en tu plato?» fue creado por Monica Marie Jones y modificada por Nedra Tawwab.

Capítulo 3. ¿Por qué no nos hemos puesto
límites saludables?

1. M. Schaub, «Mental Health Books Outsell Diet and Exercise Books at Barnes & Noble», *Los Angeles Times*, 11 de enero de 2019, <https://www.latimes.com/books/la-et-jc-mental-heath-book-sales-20190111-story.html>.

Capítulo 7. Líneas difusas: que dejen de serlo

1. Kate McCombs, «My Favorite Question Anyone Asks Me When I'm Having a Rough Day», KateMcCombs.com, 3 de diciembre de 2014, <http://www.katemccombs.com/favoritequestion>.

2. Celeste Headlee, *We Need to Talk*, Nueva York, Harper Wave, 2017.

3. James Clear, *Atomic Habits*, Nueva York, Avery, 2018 (trad. cast.: *Hábitos atómicos*, Barcelona, Diana, 2020).

Capítulo 8. Traumas y límites

1. Claudia Black, *Repeat After Me*, Las Vegas, Central Recovery Press, 2018.

Capítulo 9. ¿Qué estás haciendo para respetar tus límites?

1. Bill Fye, «Key Figures Behind America's Consumer Debt», Debt. org, <https://www.debt.org/faqs/americans-in-debt>.

2. Charles Schwab, «Modern Wealth Survey», Schwab.com, mayo de 2019, <https://content.schwab.com/web/retail/public/about-schwab/Charles-Schwab-2019-Modern-Wealth-Survey-findings-0519-9JBP.pdf>.

3. Statistic Brain Research Institute, «Do Men Cheat More Ofthen than Women?», Perspectives.MhrMemphis.com, <https://perspectives.mhrmemphis.com/2020/10/07/do-men-cheat-more-often-than-women/>.

Capítulo 10. La familia

1. Stacie Cockrell, Cathy O'Neill, Julia Stone, *Babyproofing Your Marriage: How to Laugh More and Argue Less as Your Family Grows*, Nueva York, William Morrow Paperbacks, 2008 (trad. cast.: *Cómo criar bebés y preservar el matrimonio: ría más, pelee menos y comuníquese mejor con su familia*, Nueva York, Rayo Books/HarperCollins, 2008).

Capítulo 11. Las relaciones sentimentales

1. Matthew D. Johnson, «Have Children? Here's How Kids Ruin Your Romantic Relationship», *The Conversation*, 6 de mayo de 2016, <https://theconversation.com/have-children-heres-how-kids-ruin-your-romantic-relationship-57944>.

Capítulo 12. Las amistades

1. Marla Paul, *The Friendship Crisis: Finding, Making, and Keeping Friends When You're Not a Kid Anymore*, Nueva York, Rodale Books, 2005.

2. Iyanla Vanzant, *The Value in the Valley*, Nueva York, Fireside, 1995.

Capítulo 13. El trabajo

1. Jodi Kantor, Megan Twohey, «Harvey Weinstein Paid Off Sexual Harassment Accusers for Decades», *The New York Times*, 5 de octubre de 2017, <https://www.nytimes.com/2017/10/05/us/harvey-weinstein-harassment-allegations.html>.

2. Jackie Coleman, John Coleman, «The Upside of Downtime», *Harvard Business Review*, 6 de diciembre de 2012, <https://hbr.org/2012/12/the-upside-of-downtime>.

3. U. S. Travel Association, <https://www.ustravel.org>.

Capítulo 14. Las redes sociales y la tecnología

1. Sophia June, «Instagram Therapists Are the New Instagram Poets», *The New York Times*, 19 de junio de 2019, <https://www.nytimes.com/2019/06/26/style/instagram-therapists.html>.

2. TracFone Wireless, «How Much Time Do We Really Spend on Our Smartphones?», *Straight Talk*, 15 de septiembre de 2018, <https://blog.straighttalk.com/average-time-spent-on-phones/>.

3. H. Tsukayama, «Teens Spend Nearly Nine Hours Every Day Con-

suming Media», *The Washington Post*, 5 de noviembre de 2015, <https://www.washingtonpost.com/news/the-switch/wp/2015/11/03/teens-spend-nearly-nine-hours-every-day-consuming-media/>.

4. Nir Eyal, *Indistractable: How to Control Your Attention and Choose Your Life*, Dallas, Ben Bella Books, 2019.

Capítulo 15. Y ahora, ¿qué?

1. Miguel Ruiz, *The Four Agreements: A Practical Guide to Personal Freedom*, San Rafael (CA), Amber-Allen Publishing, 1997 (trad. cast.: *Los cuatro acuerdos*, Barcelona, Urano, 1998).

LECTURAS COMPLEMENTARIAS

Allan, Patrick, «How to Deal with Chronic Complainers», *Life-hacker*, 8 de octubre de 2019, <https://lifehacker.com/how-to-deal-with-chronic-complainers-1668185689>.

Beck, Julie, «How Friendships Change in Adulthood», *The Atlantic*, 22 de octubre de 2015, <https://www.theatlantic.com/health/archive/2015/10/how-friendships-change-over-time-in-adulthood/411466/>.

Bourne, Edmund J., *Anxiety and Phobia Workbook*, Oakland (CA), New Harbinger Publications, 2006 (trad. cast.: *Ansiedad y fobias: libro de trabajo*, Málaga, Sirio, 2016).

Clear, James, *Atomic Habits*, Nueva York, Avery Publications, 2018 (trad. cast.: *Hábitos atómicos*, Barcelona, Diana, 2020).

Coleman, Jackie, y John Coleman, «The Upside of Downtime», *Harvard Business Review*, 6 de diciembre de 2012, <https://hbr.org/2012/12/the-upside-of-downtime>.

Emery, Lea Rose, «The First Year of Marriage Is Tough, No Matter How You Spin It», *Brides*, noviembre de 2019, <https://www.brides.com/story/the-first-year-of-marriage-is-tough>.

Eyal, Nir, *Indistractable: How to Control Your Attention and Choose Your Life*, Dallas, Ben Bella Books, 2019.

Higgs, Michaela, «Go Ahead and Complain. It Might Be Good for You», *The New York Times*, 9 de enero de 2020, <https://

www.nytimes.com/2020/01/06/smarter-living/how-to-complain-.html>.

Horsman, Jenny, *But I'm Not a Therapist: Furthering Discussion About Literacy Work with Survivors of Trauma*, Toronto, Canadian Congress for Learning Opportunities for Women, 1997.

June, Sophia, «Instagram Therapists Are the New Instagram Poets», *The New York Times*, 19 de junio de 2019, <https://www.nytimes.com/2019/06/26/style/instagram-therapists.html>.

Kantor, Jodi, y Megan Twohey, «Harvey Weinstein Paid Off Sexual Harassment Accusers for Decades», *The New York Times*, 5 de octubre de 2017, <https://www.nytimes.com/2017/10/05/us/harvey-weinstein-harassment-allegations.html>.

Katherine, Anne, *Where You End and I Begin: How to Recognize and Set Healthy Boundaries*, Center City (MN), Hazelden, 1994 (trad. cast.: *Donde terminas tú, empiezo yo: cómo conocer y establecer límites sanos entre las personas*, Barcelona, Edaf, 1999).

Marshall, Garry, *Pretty Woman*, s. l., Buena Vista Pictures, 1990.

Mechling, Lauren, «How to End a Friendship», *The New York Times*, 14 de junio de 2019, <https://www.nytimes.com/2019/06/14/opinion/sunday/how-to-end-a-friendship.html>.

Morrish, Elizabeth, «Reflections on the Women, Violence, and Adult Education Project», *Focus on Basics*, 5, número C, febrero de 2002, <https://www.ncsall.net/index.php@id=244.html>.

Rosenwasser, Penny, «Tool for Transformation: Cooperative Inquiry as a Process for Healing from Internalized Oppression», *Adult Education Research Conference*, Vancouver, Universidad de la Columba Británica, 2000, págs. 392-396, <https://newprairiepress.org/cgi/viewcontent.cgi?article=2216&context=aerc>.

Schwab, Charles, «Modern Wealth Survey», mayo de 2019, <https://content.schwab.com/web/retail/public/about-schwab/Charles-Schwab-2019-Modern-Wealth-Survey-findings-0519-9JBP.pdf>.

Tawwab, Nedra, «The Question I'm Asked Most as a Therapist—and My Answer», *Shine*, noviembre de 2019, <https://advice.shinetext.com/articles/the-question-im-asked-most-as-a-therapist-and-my-answer/>.

«Trauma Affects Trust in the World as a Beneficial Place, the Meaningfulness of Life, and Self-Worth». Horsman 1997; Morrish 2002; Rosenwasser 2000.

Tsukayama, Hayley, «Teens Spend Nearly Nine Hours Every Day Consuming Media», *The Washington Post*, 5 de noviembre de 2015, <https://www.washingtonpost.com/news/the-switch/wp/2015/11/03/teens-spend-nearly-nine-hours-every-day-consuming-media/>.

Vanzant, Iyanla, *The Value in the Valley: A Black Woman's Guide Through Life's Dilemmas*, Nueva York, Fireside, 1995.

Webb, Jonice, *Running on Empty*, Nueva York, Morgan James, 2012.

Williams, Alex, «Why Is It Hard to Make Friends Over 30?», *The New York Times*, 13 de julio de 2012, <https://www.nytimes.com/2012/07/15/fashion/the-challenge-of-making-friends-as-an-adult.html>.

Wing Sue, Derald, «Microaggressions: More Than Just Race», *Psychology Today*, 17 de noviembre de 2010, <https://www.psychologytoday.com/us/blog/microaggressions-in-everyday-life/201011/microaggressions-more-just-race>.

AGRADECIMIENTOS

Antes de saber qué eran los límites, desarrollé unas restricciones mentales sobre aquello que consideraba inapropiado o que no terminaba de encajarme. Al final, aprendí que la palabra que describía esas restricciones era *límites*. A partir de una serie de actos pequeños y valientes, empecé a trabajar para establecer límites y mantenerlos. Estoy muy agradecida por todo el proceso y por el poder que dan los límites saludables.

Quiero dar las gracias al Creador por revelarme por qué la vida se desarrolla de esta manera, por proporcionarme experiencias vitales que me han permitido vivir la mejor versión de mí misma y por ayudarme a darle forma a mi existencia con palabras que poder transmitir a los demás. A mi marido, por escuchar mi visión de este libro, por soñar conmigo y por animarme a invertir el tiempo para concentrarme en la escritura. A mis dos hijas, que me descubrieron los límites necesarios para ser madre. A mi hermana y amiga Erica, por nuestras sesudas conversaciones sobre los límites y por impulsarme a dar más de mí misma. A mi grupo de genias —Racheal, Rebecca y Monica—, por ser mi equipo de animadoras. Tengo muchísimos amigos maravillosos —Talaya y Delesa, entre otros tantos— que a lo largo de este proceso me han escrito tarjetas preciosas, me han enviado regalos y me han hecho reír: gracias. A todos mis clientes, que han despertado mi pasión por ayudar a la gente a ponerse límites. A toda mi comunidad de Instagram, por animarme a crear, por apoyar siempre mis publicaciones y por llevar mi trabajo a nuevas cimas. Todos y cada uno de los días tengo el privilegio de hacer algo que amo y ayudar a los demás.

Gracias, Laura Lee Mattingly (mi agente), por ayudarme a navegar por el mundo de la edición y por urgirme a escribir una propuesta de inmediato. Este proyecto ha sido sencillo porque Marian Lizzi (mi editora) ha creído en él desde el principio, y sus sabios consejos para expresar mi mensaje me han servido para darle forma a este libro. Gracias a su equipo, a Jess Morphew (directora de arte) y a Rachel Ayotte (asistente editorial), por guiarme a lo largo del proceso. Patrice Perkins (mi abogada) me ha ayudado a tener en cuenta los numerosos aspectos de mi marca personal. Y Shaunsie Reed (mi asistente) me ha animado y ha revisado el primer borrador. Este libro ha llegado a ser lo que es gracias a los ayudantes que he encontrado por el camino.

Gracias a Quiana, mi hermana, por enseñarme que eres fiel a tus tarifas en tu profesión de artista de uñas sin pedir disculpas por ello. Gracias, mamá y papá, por traerme a este mundo. Y GRACIAS, en mayúsculas, a todos los que hayáis leído este libro. Sois muy valientes y tenéis unos límites maravillosos.

De este libro me quedo con...

Cuestión de límites ha sido posible gracias al trabajo de su autora,
Nedra Glover Tawwab, así como del traductor Xavier Beltrán,
la correctora Teresa Lozano, los diseñadores José Ruiz-Zarco Ramos
y Marga Garcia, la maquetista Toni Clapés, la directora
editorial Marcela Serras, la editora Rocío Carmona,
la asistente editorial Carolina Añaños,
y el equipo comercial, de comunicación
y marketing de Diana.

En Diana hacemos libros que fomentan
el autoconocimiento e inspiran a los lectores
en su propósito de vida. Si esta lectura te ha gustado
te invitamos a que la recomiendes y que así, entre todos,
contribuyamos a seguir expandiendo
la conciencia.